Jürgen Nowak

Leitkultur und Parallelgesellschaft – Argumente wider einen deutschen Mythos

Der Autor setzt sich kritisch mit den Schlagworten *Leitkultur* und *Parallelgesellschaft* auseinander. Beide Begriffe werden in der Bundesrepublik Deutschland einseitig nach ethnischen Kriterien interpretiert: Sie entsprechen weder den sozialhistorischen Entwicklungen noch den aktuellen soziologischen Tatsachen.

Die Ausgangsthese des Autors ist: Es gibt kein Problem der Minderheit an sich in der Gesellschaft, sondern es ist auch stets ein Problem der Mehrheit in Bezug auf die Minderheit. Die Bundesrepublik Deutschland ist ein multikulturelles Land, was er anhand vieler Indikatoren nachweist.

Sein Buch zeigt überzeugend auf, dass die Spaltungen nicht einseitig entlang ethnisch-kultureller Differenzen laufen, sondern dass sie sozial bedingt sind: arm versus reich, gebildet versus nicht-qualifiziert und soziale Segregation.

Als einzige Alternative zur Leitkultur wird die Anerkennung und Durchsetzung der Rechtskultur als zentrales gesellschaftliches Steuerungsinstrument gefordert. Das bedeutet in der Praxis eine Interdependenzpolitik als sich wechselseitig bedingende Rechte und Pflichten von Mehrheit und Minderheit. Das schließt Werte- und Normenkonflikte u.a. in Bezug auf religiösen Fundamentalismus, Zwangsheirat, Kopftuch und Ehrenmorde ein.

Der Autor:
Jürgen Nowak, geboren 1942. Hochschullehrer für Soziale Ökonomie und Soziologie an der Alice-Salomon-Fachhochschule für Sozialarbeit und Sozialpädagogik Berlin (ASFH) und Direktor des Europa-Instituts für Soziale Arbeit an der ASFH Berlin. Arbeitsschwerpunkte: Migration und Ethnizität, soziologische Theorien, Sozialpolitik und soziale Netzwerkanalyse. Gastprofessuren und -vorlesungen im Ausland. Zahlreiche Veröffentlichungen, darunter *Netzwerk Europa. Einheit in der Vielfalt – Historische, gesellschaftliche und sprachliche Zusammenhänge* (2001), *Soziale Netzwerkarbeit. Eine Einführung* (gemeinsam mit Hermann Bullinger) (1998), *Europas Krisenherde. Nationalitätenkonflikte vom Atlantik bis zum Ural – Ein Handbuch* (1994)

Jürgen Nowak

Leitkultur

und

Parallelgesellschaft –

Argumente wider einen deutschen Mythos

Brandes & Apsel

Sie finden unser Gesamtverzeichnis mit aktuellen Informationen im Internet unter: *www.brandes-apsel-verlag.de*
Wenn Sie unser Gesamtverzeichnis in gedruckter Form wünschen, senden Sie uns eine E-Mail an: *info@brandes-apsel-verlag.de* oder eine Postkarte an: *Brandes & Apsel Verlag, Scheidswaldstr. 22, 60385 Frankfurt a. M., Deutschland*

1. Auflage 2006

DTP: Franziska Gumprecht, Brandes & Apsel Verlag GmbH, Frankfurt a. M.
Umschlaggestaltung: Antje Tauchmann, Brandes & Apsel Verlag GmbH, Frankfurt a. M. unter Verwendung eines Fotos von
© R. Maro/version-foto.de
Druck: Tiskarna Ljubljana d. d., Ljubljana, Printed in Slovenia
Gedruckt auf säurefreiem, alterungsbeständigem und chlorfrei gebleichtem Papier

Bibliografische Information Der Deutschen Bibliothek:
Die Deutsche Bibliothek verzeichnet diese Publikation in der Deutschen Nationalbibliografie; detaillierte bibliografische Daten sind im Internet über http://dnb.ddb.de abrufbar

ISBN 3-86099-831-5

Inhalt

Für

Monika
Claudia
und Annika

Leserbrief

Die »deutsche Leitkultur« benetzt sich morgens die Wange mit »Aftershave«, »Make-up« oder »Parfüm«, bindet sich die »Krawatte« (von *Kroata* für Halstuch, das zur Tracht auf dem Balkan gehörte), trinkt danach »Kaffee« (von *arabisch kaphe*) und isst dazu ein »Nutella«-Brot (aus dem Italienischen entnommener Name). Man fühlt sich vom Finanzamt »gelinkt« (*Gaunersprache* für betrogen), weil es zu wenig Moos (von *jiddisch moes* für Geld) als Lohn- und Einkommenssteuerausgleich überwiesen hat. Die vielen »Mailings« in Form von »Flyern« im Briefkasten werden »recycelt«.

Mittags holt sich der Träger oder die Trägerin der »deutschen Leitkultur« einen »Döner Kebab« (*türkisch*) und trinkt dazu eine »Cola« (*amerikanisch*). »Kartoffel«gerichte (*südamerikanische* Knollenfrucht) sind nicht mehr in. Zum »chat« im Internet über die Frage der größten »Zucchini«-Erträge im heimischen Bauerngarten, der nach barocken Vorbild (nach ursprünglich französischen Schlossgärten) gestaltet ist, wird ein »Kaugummi« (*amerikanisch*) gekaut oder eine Zigarette (entstanden im Krimkrieg in der Mitte des 19. Jahrhunderts).

Abends gibt's dann »Tomaten« (Südamerika) mit »Mozarella« (*italienisch*) und »Basilikum« (vorderindisch/nordafrikanisch), »vulgo Caprese«, das mit »Balsamico«-Essig (*italienisch*), »Olive«nöl (südeuropäisch) und »Pfeffer« (südostasiatisch) gewürzt. – Die Blasmusik (von der türkischen Janitscharen-Musik=Militärmusik) zum Oktoberfestbeginn (die Mastspitzen des Zeltes für den königlich-bayerischen Hofstaat beim oktoberfestlichen Pferderennen waren bis ins 20. Jahrhundert mit türkischen Halbmonden geschmückt) bilden den musikalischen Background des kongenialen Gesprächs der CDU-Politiker Rüttgers und Merz, die sich einig sind, dass es keine funktionierende multikulturelle Gesellschaft gebe und daher die Zuwanderer in Deutschland sich nach der »deutschen Leitkultur« zu richten hätten.

Nur eins verrät uns Friedrich Merz nicht: dass ihm das Schlagwort »deutsche Leitkultur« beim Schaumschlagen für die »Baiser« (*französisch* für Kuss-)Torte gekommen ist.

Leserbrief von Hubertus Habel, Coburg in der *Süddeutschen Zeitung* vom 21. November 2001, S. 13

Einleitung

Figurative Wechselseitigkeit von Mehrheit und Minderheit

Ein neues Gespenst geht in Europa und insbesondere in Deutschland um: die *Parallelgesellschaft*. Als Antwort darauf erfand man – sozusagen als Wunderwaffe – die *Leitkultur*, die ideologisch verbrämt seit 2000 auf der Agenda der *Politischen Klasse* Deutschlands ganz oben steht. Ein Teil der Konservativen verknüpft das öffentliche Reden über den vermeintlichen Zusammenhang von »Parallelgesellschaft und Leitkultur« mit aufreizenden Schlagwörtern wie Fundamentalismus, Ghettobildung, Hassprediger, Islamismus, Kopftuchträgerin, usw. Solche Schlagworterei soll vom eigenen politischen Versagen ablenken und die mediale Lufthoheit gewinnen. Gesamtgesellschaftliche Lösungen werden weder angeboten noch durchgeführt. Diese schwierige Thema wird in der Bundesrepublik im doppelten Sinne einseitig diskutiert: Erstens eindimensional aus der Perspektive der Mehrheitsgesellschaft, die im Prinzip immer Recht hat, denn die ethnischen Minderheiten sollen sich assimilieren, sich also der deutschen Mehrheit anpassen. Und zweitens punktuell nur auf der Mikroebene: Die gesamtgesellschaftlichen Zusammenhänge der ökonomischen, sozialen und politischen Wechselseitigkeiten von Mehrheit und Minderheiten werden nicht berücksichtigt.

Dieses Buch ist eine politische Streitschrift auf sozialwissenschaftlicher Grundlage. Es werden insbesondere ökonomische und soziale Tatsachen sowie soziologische und politologische Erkenntnisse herangezogen, bewertet und als gesellschaftspolitische Schlussfolgerungen für eine konstruktive Politik der Mehrheit in Bezug auf die Minderheiten begründet.

Ausgangsthese

Das Thema Leitkultur und Parallelgesellschaft berührt in seiner Komplexität viele gesellschaftlichen Ebenen und Bereiche. Ausgangsthese ist die folgende gesellschaftspolitische Annahme:

Es gibt in der Gesellschaft kein Problem der Minderheit an sich, sondern *es ist auch stets ein Problem der Mehrheit in Bezug auf die Minderheit.* Wilhelm Heitmeyer (1996: 37) hat dieses Verhalten einmal als »Anpassung fordern und Diskriminierung beibehalten« bezeichnet, die Buchautorin Heide Oestreich hat das konkreter formuliert:

> »Man möchte keine Migranten in seinem Wohnhaus und kritisiert dann, dass sie sich alle in einem Viertel »abschotten«. Man gibt ihnen kein Wahlrecht und wundert sich dann, dass die Demokratie ihnen so wenig bedeutet. Man möchte keine Kopftücher an Schulen und findet dann, dass die Mädchen und Frauen sich selbst ausschließen.« (Oestreich 2004: 188)

Diese These mag zwar überspitzt klingen, aber es soll die Aufmerksamkeit auf die Wechselseitigkeit von Mehrheit und Minderheit(en) in unserer Gesellschaft lenken. Gesellschaftspolitik setzt soziales Handeln von mindestens zwei Interaktionspartnern voraus: die deutsche Mehrheit, die selbst nicht homogen ist, und die Minderheit(en), die ebenfalls keine geschlossene Gruppe bilden. Es gibt nicht *die Türken*, *die Muslims*, *die Serben*, usw. ebenso wenig wie es *die Studenten*, *die Politiker* und *die Polizisten* gibt. Soziale Differenzierung ist angesagt.

Doch wie entstehen ethnische Minderheiten in einem Nationalstaat? Hierfür gibt es mindestens zwei klassische historische Gründe (vgl. Nowak 1994: 31-33):

- Erstens: Eroberung oder Anschluss einer Region und damit das Einschließen einer Minderheit in einen Staat, z.B. die Sorben und die Dänen in Deutschland, Katalanen und Basken in Spanien, Tschetschenen und Tataren in Russland, Bretonen und Elsässer in Frankreich usw.
- Zweitens: Einladung an andere Menschen, in der BRD zu arbeiten, z.B. die seit 1956 angeworbenen sog. Gastarbeiter, die wir heute ArbeitsmigrantInnen oder »Personen mit Migrationshintergrund« nennen. Die Italiener, Türken, Griechen, Jugoslawen usw. wurden von unserer Wirtschaft gerufen, aber »es kamen Menschen«, wie Max Frisch es so trefflich formuliert hat.

Minderheiten entstehen seit dem 18. und 19. Jahrhundert, weil sich Nationalstaaten herausbilden, die ein zusammenhängendes Territorium, eine Zentralregierung, eine Armee und meistens auch eine Nationalsprache erfordern (vgl. Hobsbawm 1996). Bestes Beispiel dafür ist seit der Französischen Revolution unser Nachbarland Frankreich, wo Minderheitensprachen wenig Chancen haben, sich öffentlich zu artikulieren. 1794 begründete das

Mitglied Barère im Wohlfahrtsausschuss die neue Sprach- und Kulturherrschaft durch folgende Behauptung:

> »Föderalismus und Aberglauben sprechen Bretonisch, die Emigration und der Hass auf die Republik Deutsch, die Konterrevolution spricht Italienisch und der Fanatismus (der Kirche, J.N.) Baskisch. Zerschlagen wir diese schädlichen und irreführenden Instrumente.«

Einige wenige Ausnahmen sind u.a. die viersprachige Schweiz, die beiden zweisprachigen Länder Finnland und Kanada und mehrsprachige Länder wie Indien und Pakistan.

Figurationsanalyse als Wechselseitigkeit

Um diese Wechselseitigkeit von Mehrheit und Minderheit(en) einerseits und die zusammenhängenden Politikfelder von Arbeit, Bildung, Wohnen und Familie andererseits einzulösen, wird in diesem Buch methodisch auf die Figurationsanalyse von Norbert Elias (1897-1990) zurückgegriffen. Sie bietet einen geeigneten Ansatzpunkt, um individuelle und gesellschaftliche Zusammenhänge zu erfassen.

> »Der Begriff der Figuration dient dazu, ein einfaches begriffliches Werkzeug zu schaffen, mit dessen Hilfe man den gesellschaftlichen Zwang, so zu sprechen und zu denken, als ob ›Individuum‹ und ›Gesellschaft‹ zwei verschiedene und überdies auch antagonistische Figuren seien, zu lockern. ... Wenn vier Menschen um den Tisch herumsitzen und miteinander Karten spielen, bilden sie eine Figuration. Ihre Handlungen sind interdependent. Man kann ihn auf relativ kleine Gruppen ebenso wie auf Gesellschaften, die Tausende oder Millionen interdependenter Menschen miteinander bilden, beziehen. Lehrer und Schüler in einer Klasse, Arzt und Patienten in einer therapeutischen Gruppe, Wirtshausgäste am Stammtisch, Kinder im Kindergarten, sie alle bilden relativ überschaubare Figurationen miteinander, aber Figurationen bilden auch Bewohner eines Dorfes, einer Großstadt oder einer Nation, obgleich in diesem Fall die Figuration deswegen nicht direkt wahrnehmbar ist, weil die Interdependenzketten, die die Menschen aneinander binden, sehr viel länger und differenzierter sind.« (Elias 1986: 141 und 143)

Es geht methodisch um *figuratives Denken*, d.h. um die Analyse der interdependenten Zusammenhänge der gesellschaftspolitischen Felder »Politik«, »Wirtschaft«, »Soziales«, »Bildung« und »Familie«. Das Buch umfasst zwei Hauptteile:

(a) Analyse und Kritik des politischen Missbrauchs konstruierter Begriffe statt Anerkennung sozialer Realitäten und
(b) die Auslotung der Chancen für eine Strategie des Empowerments in einer interdepenz-kulturellen Gesellschaft von Mehrheit und Minderheiten, die beide intern sozial sehr differenziert sind.

Thesen des Hauptteils A

Die ersten drei Kapitel setzen sich zunächst mit den beiden aktuellen und zentralen Schlagwörtern Leitkultur und Parallelgesellschaft und später mit der Ohn(e)macht der Politische Klasse auseinander.

Das erste Kapitel analysiert den Ursprung der deutschen Kultur.
These 1: Interdependenzkultur statt Leitkultur
Es gibt keine deutsche und auch keine europäische Leitkultur, denn alle Kulturen sind hybrid, d.h. aus verschiedenen Kultureinflüssen zusammengesetzt. Gerade die deutsche Kultur ist in ihren Ursprüngen und im Verlauf ihrer Geschichte vielfachen Einflüssen anderer Kulturen unterworfen gewesen und heutzutage der massiven kulturellen Globalisierung ausgesetzt. Natürlich gibt es auch eigenständig entwickelte deutsche Kulturelemente, aber die Differenzen sind kleiner als die Gemeinsamkeiten, zumindest auf europäischer Ebene, aber auch weltweit. Diese Auseinandersetzung wird linguistisch, soziologisch und historisch im ersten Kapitel geführt.

Das zweite Kapitel analysiert die Frage nach der Existenz von Parallelgesellschaften.
These 2: Klasse vor Ethnie
Die Diskussionen der letzten Jahre hat zu einer Kulturalisierung und Ethnisierung sozialer Konflikte geführt. Gesellschaftspolitisch zentrale Fragen wie u.a. »Armut versus Reichtum«, »mangelnde soziale Mobilität in dem Drei Klassen-Schulsystem« oder Entstehung einer »underclass« als neues Subproletariat werden nicht thematisiert, sondern weitgehend aus dem gesellschaftspolitischen Diskurs ausgeblendet. Es liegt nicht im Interesse der Politischen Klasse, diese Fragen zu behandeln, würde es doch ihre privilegierte Herkunft in Frage stellen. Entscheidend für die soziale Stellung in unserer Gesellschaft ist der sozioökonomische Status des Einzelnen und nicht seine ethnische Zugehörigkeit. Stattdessen werden (ethnische) Parallelgesellschaften künstlich konstruiert. Dagegen wird die Existenz sozialer

Parallelgesellschaften geleugnet oder es wird vornehm von sozialen Milieus gesprochen.

Das dritte Kapitel analysiert die Ohn(e)Macht der politischen Klasse.
These 3: Die Politische Klasse ist ohn(e)mächtig.
Die Politische Klasse der Bundesrepublik Deutschland ist im Prinzip insoweit inkompetent, als sie nicht in gesamtgesellschaftlichen Zusammenhängen denken, geschweige denn handeln kann: Alltägliche kleinkarierte Mikropolitik der kleinen Schritte statt der Einleitung einer notwendigen Makropolitik, die viele Politikfelder wegen ihrer Interdependenzen gleichzeitig reformerisch anpackt.

Thesen des Hauptteils B

In den drei Kapiteln des Hauptteils B wird ein gesellschaftspolitisches Interdependenz-Konzept entfaltet, das vom Ressourcendenken und von Empowerment-Ansatz ausgeht. Nach der Kritik ist es auch Aufgabe der Wissenschaft, alternative Lösungsvorschläge zu erarbeiten. Kritik der Wissenschaft ist als erster Einstieg notwendig und berechtigt, aber zum eigenen beruflichen Selbstverständnis gehört es, alte und neue Vorschläge für einen weiterführenden Diskurs vorzustellen.

Das vierte Kapitel analysiert die Begriffe Multikulturalismus und Multiethnizität.
These 4: Multiethnizität und Interdependenzkultur als produktive Ressource
Entsprechend der historischen Entwicklung ist die deutsche Gesellschaft bereits de facto – so der landläufige Begriff – multikulturell. Anstelle des folkloristisch missbrauchten Begriffes Multikulturalismus wird eine Interdependenzkultur als kreative und produktive Ressource für Alle vorgestellt.

Das fünfte Kapitel analysiert die Frage, was die deutsche Gesellschaft zusammenhält.
These 5: Rechtskultur als gesellschaftliche Verhaltenssteuerung
Anstelle der undefinierbaren Leitkultur wird die deutsche Rechtskultur als einziger verbindlicher politischer Maßstab genommen. Das deutsche Grundgesetz ist eine hervorragenden Grundlage, die Alle, Mehrheit und

Minderheiten, akzeptieren können und bei kulturellen Normenkonflikten akzeptieren müssen.

Das sechste Kapitel analysiert die Frage der Stellung der ethnischen Minderheiten in unserer deutschen Gesellschaft.

These 6: Wechselseitige Anerkennung der Minderheit durch die Mehrheit und umgekehrt

Auch diese These beruht auf Wechselseitigkeit, denn

- wer individuell anerkannt wird, lässt sich auch gesellschaftlich einbinden und umgekehrt:
- wer individuell eingebunden ist, gewinnt auch gesellschaftliche Anerkennung.

Hier geht es also um Rechten und Pflichten für die Minderheit und für die Mehrheit.

Das Buch wird mit einem Glossar und einem Literaturverzeichnis abgeschlossen.

Zum Schluss danke ich den Kollegen Rainer Jaroschek und Prof. Gunther Solowjew für ihre kritischen Anmerkungen, der Alice-Salomon-Fachhochschule für Sozialarbeit und Sozialpädagogik Berlin für den gewährten Druckkostenzuschuss und Frau Wilß vom Brandes & Apsel Verlag für ihre kritischen Anmerkungen. Für den Inhalt und insbesondere für die gesellschaftspolitischen Positionen bin ich allein verantwortlich und stehe als Diskutant gern zur Verfügung.

Teil A

Missbrauch von Begriffen statt Anerkennung sozialer Realitäten

In der aktuellen Integrationsdebatte sind verschiedene politische Begriffe eingeführt worden, um in einer ideologischen Schlammschlacht auf Stimmenfang zu gehen. Begriffe wie »Leitkultur«, »Parallelgesellschaft«, »Assimilation« oder »Multikulturalismus« widersprechen jedoch der sozialen Wirklichkeit, d.h. sie werden einseitig missbraucht. Aus diesem Grunde werden zunächst in den ersten beiden Kapiteln diese Begriffe ideologiekritisch analysiert und auf ihren Wahrheitsgehalt hin überprüft.

Zitate deutscher Politiker

Kaum zum Bundestagspräsident gewählt und damit auch zum höchsten Volksrepräsentanten aller wahlberechtigten und nicht-wahlberechtigten Bürgerinnen und Bürger äußert sich Norbert Lammert (CDU) zum Thema Leitkultur. Es ist zum Zeitpunkt der Veröffentlichung wohl das aktuellste Zitat eines prominenten Mitglieds der Politischen Klasse.

> »Kein politisches System kann seine innere Legitimation ohne solche gemeinsam getragenen Überzeugungen aufrechterhalten – schon gar nicht in

schwierigen Zeiten wie heute, in denen nicht Wohlstandszuwächse verteilt, sondern Ansprüche eingesammelt werden müssen. Ohne Leitkultur im Sinne solcher allgemein akzeptierten Orientierungen und Überzeugungen – Sie können meinetwegen auch von Großer Erzählung reden – lassen sich die Lösungen für unsere komplexen Probleme nicht konsensfähig machen. Wir müssen die Debatte wieder aufgreifen und weiterführen.« (*Die Zeit*, 20. Oktober 2005, S. 6)

Das klingt nach Leitkultur als politisches Instrument des Krisenmanagements in schlechten Zeiten: Tausche weniger Ansprüche an das System sozialer Sicherung gegen regelmäßige Abonnement-Lieferung von Leitkultur.

Norbert Lammert will wieder eine Debatte ankurbeln, die von der CDU und CSU schon einmal in die Öffentlichkeit getragen wurde. Einige wenige Zitate politischer Prominenz mögen uns daran erinnern.

Angefangen hat es mit Friedrich Merz, Finanzexperte und ehemals Fraktionsvorsitzender der CDU/CSU im Bundestag. Er schrieb in einem Exklusivbeitrag für *Die Welt* am 25. Oktober 2000:

»Einwanderung und Integration können auf die Dauer nur Erfolg haben, wenn sie die breite Zustimmung der Bevölkerung finden. Dazu gehört, dass Integrationsfähigkeit auf beiden Seiten besteht: Das Aufnahmeland muss tolerant und offen sein, Zuwanderer, die auf Zeit oder auf Dauer bei uns leben wollen, müssen ihrerseits bereit sein, die Regeln des Zusammenlebens zu respektieren. Ich habe diese Regeln als die ›freiheitliche deutsche Leitkultur‹ bezeichnet.«

Hier noch zwei Zitate aus dem Jahr 2000, zuerst Günther Beckstein, CSU, noch immer Innenminister in Bayern, in einem Interview mit *Spiegel Online* am 17. November 2000:

»Wir meinen mit Leitkultur, dass der derjenige, der zu uns nach Deutschland kommt und hier für einen längeren Zeitraum leben will, sich in dieses Land einfügen muss. Dazu gehören Sprachkenntnisse und eine Anerkennung des Grundgesetzes. Man muss sich aber auch in die deutschen Strukturen einfügen und dieses Land nicht verändern wollen.

Bayern hat einen höheren Anteil an Ausländern als der Bundesdurchschnitt und jede Menge Touristen. Trotzdem will man zum Beispiel in bayerischen Dörfern nicht, dass neben der Kirche ein Minarett steht, dass der Muezzin mit der derselben Lautstärke wie die Glocken ins Dorf ruft.

Natürlich müssen wir unsere humanitären Pflichten anerkennen. Aber wir sollten die Zuwanderung derer reduzieren, die nicht verfolgt werden, sondern sich im Asylverfahren von vornherein durch Verzögerungen in eine

> Art Nicht-Abschiebbarkeit retten. Wir müssen das Ausländerrecht stärker am Nutzen für die Volkswirtschaft ausrichten. Wenn man bei dem Teil der Zuwanderung reduziert, der nicht produktiv ist und die Sozialkassen belastet, gibt es Spielräume, um die erforderliche Zuwanderung gesteuert zuzulassen.
>
> Ich gebe zu, dass sowohl »Leitkultur« als auch »deutsche Leitkultur« oder »Leitkultur in Deutschland« keine bis ins Letzte präzisen Begriffe sind. Dagegen ist aber »Multikulti« absolut schwammig. In den USA bildeten sich »Chinatowns« oder italienische Viertel, die fast beziehungslos nebeneinander leben. So stelle ich mir aber Deutschland nicht in zehn Jahren vor. Wir sind kein solches klassisches Einwanderungsland. Ich sehe mit großer Sorge Parallelgesellschaften wie in Kreuzberg.«

Und zuletzt Wolfgang Mosbach MdB (CDU) in der Debatte im Bundestag am 16. November 2000:

> »Integration ist weder einseitige Assimilation noch unverbundenes Nebeneinander auf Dauer. Multikulti und Parallelgesellschaften sind kein Zukunftsmodell. Unser Ziel muss eine Kultur der Toleranz und des Miteinander auf dem Boden unserer Verfassungswerte und um Bewusstsein der eigenen Identität sein. In diesem Sinne ist es zu verstehen, wenn die Beachtung dieser Werte als Leitkultur in Deutschland bezeichnet wird.«

Diese Zitatenreihe ließe sich noch seitenlang fortsetzen, aber wir wollen zum Kern des Kapitels kommen, ob es so etwas wie eine »deutsche Leitkultur« überhaupt gibt.

Kapitel I

Die Erfindung der »Leitkultur«

Fiktiver Prolog I: Familie Germann vor zweitausend Jahren

Das germanische Leben wird durch die Figur Familie »Germann« symbolisiert, so wie sie vor mehr als zweitausend Jahren bescheiden lebte. Die Familie Germann saß unter einem »Dach« in einem großen »Saal« mit ihren vielen Mitgliedern ihrer Sippe zusammen, z.B. mit »Mutter«, Vater, Brüdern, Schwestern, Söhnen, Töchtern[1] *usw.*

Sie aßen ein »Fladenbrot« aus einem (ungesäuerten) Teig aus Mehl, Wasser und »Salz«, weiterhin »Schinken«, »Speck« und »Fisch« und tranken dazu »Milch« oder »Met«. Mitten im Saal schliefen auch gemeinsam die Tiere, wie der »Hund«, die »Katze«, die »Schafe« und die »Kühe«. Für ihre mühselige landwirtschaftliche Arbeit auf dem »Acker« benutzten sie

---

1 Alle diese Verwandtschaftsbezeichnungen sind indoeuropäischen Ursprungs, also sehr alt, und sie finden sich in den meisten anderen indoeuropäischen Sprachen wieder.

einen »Pflug«, um die »Gerste« zu ernten, und für die Rodung des Waldes eine »Säge«. Wenn am »Tage« die »Sonne« schien, dann saß man unter der »Birke«, der »Buche« oder der »Linde«, aber im Wald hatten sie große Angst vor dem »Bären«. Die Mitglieder der Familie Germann bedeckten ihren Körper mit einem »Hemd«, einem kittelartigen Kleidungsstück, und jeder trug eine »Hose« als Tuch- oder Lederlappen um seine Unterschenkel.

Da sie in der Nähe des römischen Limes bei Colonia Claudia Ara Agrippinensium (der römischen Gründung Köln am Rhein) wohnten, fuhren sie einmal mit ihrem »Wagen« in sumpfigen Gelände und Flüssen über »Furten« und »Brücken« zu einem Besuch der römischen Kolonie. Dort sahen sie einige für sie sehr ungewöhnliche neue Dinge, z. B. Häuser mit festen »Mauern«, richtigen »Fenstern«, »Ziegeln« auf dem Dach, einen »Keller« für den Vorrat, eine eigene »Küche« zum Kochen und eine »Pforte« als Eingang. Sie gingen auf »Straßen« mit »Pflaster« und sahen dort »Karren« mit »Esel«. Auf dem »Markt« sahen sie ihnen bisher unbekannte Waren wie z.B. »Birnen« »Kirschen«, »Kohl«, »Pflaumen« und »Wein«, die dort zum »Kauf« angeboten wurden.

Ist diese kurze Skizze unserer Vorstellung von der germanischen Lebenswelt etwa die Grundlage, der Ausgangspunkt für die deutsche Leitkultur?

Zum Ursprung deutscher Kultur

Die Herkunft der deutschen Kultur zu erklären, erfordert eine komplexe historisch-soziologische Analyse: Sie lässt sich nicht von einem einzigen Ausgangspunkt linear ableiten, die deutsche Kultur war und ist vielmehr ein Konglomerat aus vielfältigen außer- und innereuropäischen Einflüssen und hat sich stets weiterentwickelt. Die deutsche Kultur war von Beginn an in ihrer Jahrhunderte langen Entwicklungsgeschichte stets »multikulti« geprägt. Sie ist eine aus vielen Quellen gespeiste importierte Kultur, die nur in wenigen Zügen typisch deutsch ist.

Zum Begriff Leitkultur

Das Wort »Leitkultur« steht (noch) nicht im *Duden* 2004. Der bekannte Islamkenner Bassam Tibi hat den Begriff »europäische Leitkultur« bereits im Jahr 1996 geprägt. Er definiert sie als

> »Primat der Vernunft vor religiöser Offenbarung ..., individuelle Menschenrechte (also nicht Gruppenrechte), säkulare, auf der Trennung von Religion und Politik basierende Demokratie, allseitig anerkannter Pluralismus sowie ebenso gegenseitig zu geltende Toleranz.« (Tibi 2001: 181ff)

Dieser Begriff wurde im Jahr 2000 von konservativen Politikern aufgegriffen und zur »deutschen Leitkultur« stilisiert, um eine zweckbestimmte ausländerfeindliche Stimmung für eine parteipolitische Debatte auszunutzen. Das Wort »Leitkultur« ist ebenso eine Erfindung wie vor zweihundert Jahren der Begriff »Nation«.

Etymologische[2] Herkunft

Das Wort »Leitkultur« ist eine deutsch-lateinische Wortfolge. Laut Pfeifer (1993: 789f) bedeutet das Verb »leiten« »führen, an der Spitze stehen und den Verlauf bestimmen, befehligen, in eine bestimmte Richtung lenken«[3]. Das Wort »Kultur« kommt von lateinisch »cultura« und bedeutet (vgl. Pfeifer 1993: 743) zunächst »Pflege (des Ackers), Bearbeitung, Bestellung, Anbau, Landbau« und später auch »geistige Pflege, Ausbildung intellektueller Fähigkeiten, (religiöse, huldigende) Verehrung«, abgeleitet von dem Verb »colere«=»bebauen, bewohnen, pflegen, religiös verehren«. Deutsche Leitkultur heißt also »an der Spitze stehen«, die anderen Kulturen »führen« oder etwa nicht? Wenn der Ursprung der deutschen Kultur als eine Mythen- und politische Legendenbildung zu bewerten ist, dann ist die Frage zu klären, wo die ursprünglichen Wurzeln der deutschen Kultur liegen. Die komplexe Antwort kommt aus mindestens drei Quellen:

1. Frühe außereuropäische Einflüsse – vor der griechischen Antike – aus dem Orient.
2. Die Einfluss seit der Antike von der griechischen und römischen Welt und später der christlichen Kultur und der Zeit des Humanismus und der Renaissance (Wiedergeburt).
3. Spätere außereuropäische Einflüsse, insbesondere aus der Neuen Welt mit der Wiederentdeckung Amerikas nach den Wikingern.

---

2 Etymologie ist die Wissenschaft von der Herkunft, Geschichte und Grundbedeutung der Wörter. Eigentlich bedeutet es die Untersuchung des wahren, des ursprünglichen Sinnes, denn Griechisch *etymos* bedeutet »wahrhaft, wirklich«. Im Laufe des Textes werden des öfteren etymologische Ableitungen dargelegt.

3 »Leiten« ist an sich ein Kausativ (= Verb des Veranlassens) zum Verb »leiden«, das ursprünglich »sich fortbewegen, gehen« bedeutete und sich später unter dem Einfluss des Wortes »Leid« zu der heutigen Bedeutung »von körperlichem oder seelischem Schmerz gequält werden« entwickelt hat.

Nachfolgend wurden der »Ursprung«, die Quellen und die Einflüsse auf die deutsche Kultur untersucht. Diese Analyse führt zu manchen überraschenden Einsichten.

Legende Europa

Vom Ursprungsmythos her hat der griechische Gott Zeus Europa, die Tochter des phönizischen Königs Agenor aus Tyros an der östlichen Mittelmeerküste, dem heutigen Libanon, entführt.

> »Der Mythos steckt voller Aussagekraft: Der Stier war einer der wichtigsten Gottheiten des Alten Orients, Symbol der Fruchtbarkeit und der agrarischen Produktion, Phönizien eine Region, in der sich mesopotamische und ägyptische Hochkultur überschnitten und befruchteten.« (Geiss 1993: 12)

Nach einer Darstellung dieser Sage des klassischen Altertums war die Königstochter Europa schön und anmutig. Zeus konnte sie allerdings nur mit einer List für sich gewinnen. Deshalb wandelte er sich in einen Stier, spielte mir ihr, bis sie Vertrauen hatte, dann ließ er die Jungfrau am Meeresufer aufsitzen und entführte sie nach Kreta. Dort verwandelte er sich in einen schönen Jüngling. Als die Unglückliche von ihrem Schicksal erfuhr, wird sie von der Göttin Aphrodite getröstet:

> »Tröste dich, Tochter des Agenor! Zeus ist es, der dich geraubt hat; du bist die irdische Gattin des unbesiegten Gottes. Unsterblich wird dein Name werden; denn der fremde Weltteil, der dich aufgenommen hat, heißt nach dir: Europa!« (Schwab 1974: 37)

So ist also Europa der griechischen Sage nach zu seinem Namen gekommen. Ein schöner Mythos.

Etymologie

Nähert man sich Europa auf dem Wege der Etymologie, also der Herkunft des Wortes, dann bedeutet assyrisch »erp«=»dunkel, finster, wo die Sonne untergeht«, also der Okzident oder der Westen oder romantisierend eingedeutscht das Abendland. Das Gegenstück »Asien« leitet sich ebenfalls aus dem Assyrischen ab, und zwar von »assis«=»hell, glänzend« bzw. »asu«=»sich erheben, aufgehen«, also Asien das Land, wo die Sonne aufgeht, der Orient oder das Morgenland (vgl. Geiss 1993: 12).

Also selbst unsere arrogante Ab- und Eingrenzung Europas als eigenständiger Kontinent – um nicht als geographischer Ausläufer des Kontinents Asien zu erscheinen – ist sprachlich außereuropäischer Herkunft. Andere nicht-indoeuropäische Wörter sind unter anderem die Katze, der Wein und viele Ortsnamen in Europa.[4]

Importe aus dem Vorderen Orient

Da Europa – von Afrika als Urheimat der Menschheit ausgehend (vgl. Leakey 1997) – über den Vorderen Orient besiedelt wurde, gingen auch die ersten kulturellen Anstöße und Anregungen von dieser Region aus. Neben Viehzucht und Landwirtschaft waren es die Bewässerungssysteme, die Erfindung von Schrift und Geld, die Organisation des städtischen und staatlichen Lebens mit den ersten Formen einer Verwaltung, die sich nach und nach auch in Europa durchsetzten.

Die europäische Geistes- und Kulturgeschichte wird oft vereinfachend mit dem Beginn der griechischen Kultur gleichgesetzt. Doch schon allein aufgrund der Migration nach Europa sind hier Ergänzungen geboten, denn wichtige zivilisatorische Ideen sind aus dem Vorderen Orient »importiert« worden. Viele bekannte griechische Philosophen wie Thales, Anaximander und Anaximenes lebten in Kleinasien und erhielten über Handelskontakte beträchtliche mathematische, astronomische und meteorologische Kenntnisse aus dem Orient (vgl. Graeser 1981: 14). Europas kulturelle Wurzeln liegen im Vorderen Orient, denn schon in der Bronzezeit waren die Ägäis

---

4 Nicht-indoeuropäische Wörter:
Vor der Einwanderung der indoeuropäischen Stämme nach Europa – entweder aus Anatolien oder aus Südrussland als zwei gängige Hypothesen – haben bereits andere Völker in Europa gesiedelt, so u.a. die Basken, über deren geographische und linguistische Herkunft man bisher nichts weiß. Doch es gibt einen verlässlichen Indikator, die Fluss- und Ortsnamen: Wer zuerst kommt, der benennt es. So fragt der Linguist Theo Vennemann, ob die beiden Flussnamen Ebrach bei München und Ebro in Spanien ein Zufall oder ob sie beide baskischen Ursprungs sind, weil die Basken in West- und Mitteleuropa verbreitet gelebt haben. Andere nicht-indoeuropäische Wörter sind z.B.

Katze: Die Katze, ein altes Haustier der Europäer, ist zwar auch fast allen europäischen Sprachen gemeinsam (vgl. spätlateinisch cattus, französisch le chat, russisch kot), aber das Wort gehört nicht ursprünglich zum indoeuropäischen Grundwortschatz. Katze ist ein altes Wanderwort, dessen Herkunft unklar ist. Eine Hypothese ist die Herkunft aus Nordafrika, denn die Katze heißt im Nubischen »kadis« und im Berberischen »kaddiska«.

Wein: Das lateinische bzw. griechische Wort ist wahrscheinlich kaukasischen Ursprungs, wo der Wein zuerst kultiviert wurde und dann durch die Griechen und Römer allen Europäern vermittelt wurde.

und Anatolien in die interregionale Welt des östlichen Mittelmeeres miteinbezogen (vgl. Cunliffe 2000: 307).

> »Insbesondere von Ägypten und Babylon gehen Einflüsse auf Europa aus; ... Sumer und Akkad verdankt Europa die Anfänge der Naturwissenschaft; Astronomie, Botanik, Medizin, Arithmetik haben ihre Wurzeln in den fruchtbaren Ebenen von Euphrat und Tigris. ...
> Die ägyptische Götterwelt ist von der griechischen und römischen nicht völlig klar zu trennen, das Rätsel der Sphinx gehört zu den Keimzellen des modernen dialektischen Denkens ...
> Neben den großen Religionen ist es auch die Idee des Rechts gewesen, die aus den alten Hochkulturen nach Europa gelangt ist. ...
> Europa erscheint bis ins 1. Jahrtausend v.Chr. von einem Kranz von Hochkulturen umgeben.« (Salewski 2000: 16f)

Die Behauptung, Griechenland sei »die Wiege« der europäischen Kultur, ist empirisch nicht haltbar. Obgleich die Griechen vieles weiterentwickelten, haben sie grundlegende Erkenntnisse von den altorientalischen Hochkulturen der großen Stromoasen des Tigris, des Euphrats und des Nils übernommen (vgl. Stadtmüller 1965: 10f), insbesondere waren der Einfluss und die Auswirkungen auf den Gebieten Kunst, Religion und Schrift groß (vgl. Murray 1998: 106ff).

Alphabet

Die Erfindung des Alphabets als einfaches Schriftsystem – im Vergleich zu dem komplexen chinesischen Schriftsystem der Ideogramme – ist sicherlich eine der genialsten Erfindungen der Menschheit, um dessen kulturelle Entwicklung zu beschleunigen. Auch hier war der Vordere Orient der geistige Vorreiter, denn wahrscheinlich bereits in der ersten Hälfte des 2. Jahrtausends v. Chr. hat man an der östlichen Mittelmeerküste einfache und leistungsfähige alphabetische Schriftsysteme erschaffen (vgl. Kuckenburg 1998: 291). Der Ursprung der Schrift liegt in der Erfindung der Keilschrift im alten Mesopotamien.

Das Alphabet kommt von den Phöniziern aus dem Nahen Osten (Libanon). Die Griechen haben es wahrscheinlich im 8. Jahrhundert v.Chr. von dort übernommen. Diese Vermutung wird auch durch den griechischen Geschichtsschreiber Herodot aus dem 5. Jahrhundert v.Chr. gestützt. Allerdings bestand dieses Alphabet nur aus 28 Konsonanten, die Vokale wurden nicht geschrieben – wie im Prinzip noch heute bei den semitischen Sprachen Arabisch und Hebräisch. Die Leistung der Griechen besteht darin, das Alphabet um die Vokale bereichert zu haben. Nicht-benutzte Buchstaben der Konsonanten wurden zu Vokalen umfunktioniert, wie z.B. »alpha« oder »omega«.

Der Einfluss der Antike

Zweifelsohne hat die griechisch-römische Antike und das sich dort entfaltende Christentum den größten Einfluss auf die europäischen Kulturwelt und damit natürlich auch auf die deutsche Kultur genommen. Daher wird auch oft vom christlich-abendländischen Europa gesprochen, was aber aufgrund späterer politischer Ereignisse so nicht haltbar ist, denn in Europa leben bekanntlich auch andere, insbesondere alteingesessene muslimische Minderheiten in Albanien und Bosnien und heute große Gruppen muslimischer ArbeitsmigrantInnen aus der Türkei, Algerien, Marokko in Deutschland, Frankreich, Belgien und den Niederlanden. Die Antike hat die europäischen Gesellschaften und damit auch die deutsche Kultur sehr stark geprägt. Hierbei sind es vor allem drei historische Impulse, die von entscheidender Bedeutung für die kulturelle und zivilisatorische Entwicklung Europas sind: (1) Griechische Philosophie, (2) Römisches Recht und (3) Christentum.

Die Sprache ist ein untrügliches Erkennungsmerkmal für den Transport kultureller »Leistungen« in andere Länder, da mit dem Kennenlernen und der Übernahme eines Kulturguts meistens auch das ursprüngliche Wort übernommen wurde, was heute nach jahrhundertlangem Sprachwandel nicht immer sofort erkennbar ist. Aufgrund des Einflusses der griechischen Philosophie und Kultur, des römischen Rechts- und Staatsdenkens und der Kontinuität des Christentums sind alle Sprachen Europas sehr stark von dem griechisch-lateinischen Spracherbe geprägt.

> »Dieser europäische Wortschatz stammt aus den Lateinschulen des Mittelalters, den Klöstern, Universitäten und Gelehrtenstuben, aus Bauhütten, Werkstätten, Laboratorien und Hospitälern, Kanzleien und Ratsstuben, aus den griechisch-lateinischen Terminologien der antiken und modernen Wissenschaften, und bildet den großen gemeinsamen Nenner der europäischen Sprachen, mögen sie im übrigen auf noch so verschiedenartige Stammes- und Volkssprachen zurückgehen. ...
>
> Das Deutsche ist durch das Lateinische, ..., zu einer europäischen Kultursprache geworden.« (Wandruszka 1998: 7)

Der paneuropäische Thesaurus ist ein gemeinsames sprachliches Erbe, das die Völker Europas verbindet.

Griechisch-lateinische Wissenschaftssprache

Das Latein der Römer war später auch die Sprache der katholischen Kirche und seit dem Hochmittelalter mit den aufkommenden Universitäten auch die der Wissenschaft. So wurden die Werke der Philosophen und Wissenschaftler bis zur beginnenden Neuzeit auf Lateinisch geschrieben. Dadurch entstand ein großer Fachwortschatz in Latein (mit teilweise griechischem Ursprung), der auch in die europäischen Volkssprachen übernommen wurde, als man nicht mehr das universale Latein benutzte. So haben auch heute noch Wissenschaftler keine allzu großen Schwierigkeiten, Texte in einer europäischen Volkssprache zu lesen, denn alle Fachausdrücke haben meistens einen gemeinsamen griechischen oder lateinischen Ursprung und Hintergrund. Hier ein kleiner Einblick in diese Wissenschaftsterminologie.

Fast alle Wissenschaftsdisziplinen werden heute mit griechisch-lateinischen Begriffen benannt, obgleich es oft eine »gute« deutsche Übersetzung gibt (sie steht in Klammern), die aber nicht wissenschaftlich-elitär klingt: Anthropologie, Architektur (Baukunst), Astronomie (Himmelskunde), Biologie, Botanik (Pflanzenkunde), Chemie, Ethnologie (Völkerkunde), Geographie (Erdkunde), Geologie, Jura (Rechtswissenschaft), Linguistik (Sprachwissenschaft), Kriminologie, Kybernetik, Mathematik, Medizin, Meteorologie (Wetterkunde), Ökologie (Umweltkunde), Ökonomie (Wirtschaftswissenschaft), Pädagogik (Erziehungswissenschaft), Philosophie, Physik, Politologie, Psychiatrie, Psychologie (Seelenkunde), Soziologie (Gesellschaftslehre), Urbanistik (Städtebau), Zoologie (Tierkunde), usw.

Immer wieder auftauchende Silben in diesen Wissenschaftsbegriffen sind u.a.: »-logie« von griechisch »logos«=»Lehre, Wissenschaft«; »geo-« von griechisch »ge«=»Erde, Land«, »psych-« von griechisch »psyche«=»Hauch, Atem, Seele«.

Dagegen sind die Ingenieurswissenschaften noch stark deutschsprachig geprägt. Man studiert Maschinenbau, Bau(ingenieur)wesen, Stadtplanung, Werkstoffwissenschaften und Landschaftsbau. Besonders ausgeprägt ist der griechisch-lateinische Wortschatz in der Medizin: Angina pectoris, Arthritis, Asthma, Bronchitis, Delirium tremens, Dysbakterie, Hämoglobin, Homöopathie, Kardiologie, Karzinom, Lepra, Lymphozytose, Rheumatismus, Thorax, Thrombose, usw.

Die europäische Jurisprudenz ist stark vom römischen Rechtsdenken beeinflusst worden, und daher existieren viele juristische Sentenzen in unserer Sprache:

- nulla poena sine lege (keine Strafe ohne Gesetz)
- pacta sunt servanda (Verträge sind einzuhalten)
- nemo iudex in causa sua (niemand kann Richter in seiner eigenen Angelegenheit sein)
- ultra posse nemo obligatur (niemand ist verpflichtet, ihm Unmögliches zu leisten)

- volenti non fit iniuria (dem Willigen (= dem, der es so haben will), geschieht kein Unrecht)
- nemo plus iuris ad alium transferre potest quam ipse haberet (Niemand kann mehr Recht auf einen anderen übertragen, als er selbst hat)
- Fiat iustitia et pereat mundus (Möge Gerechtigkeit geschehen, auch wenn die Welt zugrunde geht)

Auch die Sozialwissenschaften sind voll griechischer und lateinischer Wortschöpfungen: Aggression, Akkulturation, Analyse, Anomie, Assimilation, Assoziation, Aversion, Deflation, Depression, Deprivation, Desintegration, Ego, Emotion, Empathie, Endogamie, Familie, Frustration, Funktion, Hospitalismus, Hypnose, Hysterie, Globalisierung, Inflation, Interferenz, Integration, Investition, Komplexität, Konditionierung, Konjunktur, Konsum, Korrelation, Kriminalität, Matriarchat, Mobilität, Motivation, Motorik, Neurose, Norm, Patriarchat, Polygamie, Psychose, Produktion, Rassismus, Reproduktion, Säkularisierung, Schizophrenie, Segregation, Sexualität, Signifikanz, Sozialisation, Sozialstruktur, Status, Stereotyp, Stimulus, Sympathie, Therapie, Trauma, Urbanisierung, Variable.

Auch die Sprache der Politik hat aus den beiden klassischen Sprachen der Antike geschöpft: Demokratie, Demonstration, Diktatur, Exekutive, Faschismus, Feudalismus, Föderalismus, Hegemonie, Ideologie, Immunität, Integration, Judikative, Kaiser, Kanzler, Kapitalismus, Klientelismus, Kommunismus, Konvergenz, Laizismus, (il)legal, Legalität, Legislative, Legitimation, Liberalismus, Minister, Monarchie, Oligarchie, Opposition, Partei, Präsident, Propaganda, Republik, Sekretär, Sozialismus, Staat, Thron, usw.

Die beiden Wörter Politik und Polizei sind auch Gemeingut in den europäischen Sprachen und haben einen gemeinsamen Ursprung, nämlich griechisch »polis«=»Stadt, Stadtburg, Bürgerschaft, Staat«. Aus dieser Wurzel gibt es zwei Ableitungen:

1. Griechisch »politike (techne)«=»Kunst der Staatsverwaltung«, das die Grundlage für das Wort Politik ist.
2. Griechisch »politeia«=»Bürgerrecht, Staatsverwaltung«, das über spätlateinisch »politia«=»Staatsverwaltung« die Grundlage für das Wort »Polizei« wurde.

Einflüsse im Mittelalter und seit der Renaissance

Seit dem Mittelalter stellen wir wiederum außereuropäische, aber auch binneneuropäische Einflüsse fest.

Arabischer Einfluss

Im Mittelalter war das christliche Abendland im Vergleich zum arabisch-persischen Raum des Islam relativ rückständig in Bezug auf Wissenschaften und Medizin. Die Araber haben viele Werke aus dem Griechischen ins Arabische übersetzt, die dann später wieder ins Lateinische rückübersetzt wurden. Folgende Wörter sind arabischen Ursprungs (vgl. Osman 1997): Algebra, Alkohol, Almanach, Amulett, Aprikose, Arsenal, Artischocke, Atlas, Baldachin, Chemie, Giraffe, Haschisch, Kabel, Kadi, Kaffee, Kamel, Kuppel, Laute, Magazin, Marzipan, Massage, Mokka, Mumie, Mütze, Razzia, Risiko, Sirup, Sofa, Tasse, Watte, Ziffer.

Außereuropäische Importe in der Neuzeit

Die Zeit der Renaissance und des Humanismus bedeutet die Wiederentdekkung Amerikas, die Rückbesinnung auf die Antike, die Entfaltung des Individuums und das allmähliche Aufkommen von Nationalstaaten mit ihren dominanten Nationalsprachen und der Entstehung nationaler Minderheiten in einer Nation.

Mit der Entdeckung Amerikas und den neuen Seewegen in den Mittleren und Fernen Osten (Indien, China, usw.) kamen viele neue Früchte auf den europäischen und damit auch auf den deutschen Speisezettel. Der bisherige europäische Binnenmarkt wurde bereits damals durch die neuen Handelswege globalisiert. Hier eine kleine Auswahl der uns tagtäglich verfügbaren Früchte: Ananas, Apfelsine, Aprikose, Artischocke, Banane, Broccoli, Curry, Gurke, Kaffee, Kakao, Kartoffel, Marmelade, Pampelmuse, Pfeffer, Spargel, Tabak, Tee, Tomate und Zitrone.

In der beginnenden Neuzeit bereichern neben dem Latein auch andere nationale Sprachen den deutschen Wortschatz, da neue kulturelle Güter importiert werden.

Bank- und Musiksprache sind italienisch

Unsere tagtägliche Banksprache ist vollkommen italienisch geprägt, denn »italienische Geldwechsel und Bankleute standen an der Wiege des modernen europäischen Bankwesens« (*Duden* 2001: 68): Bank, Bilanz, brutto, Diskont, kalkulieren, Kapital, Kasse, Konto, Kredit, Netto, Porto, Posten, Prokura, Rest, Risiko, Saldo und Skonto.

Auch die Sprache der Musik ist sehr stark italienisch geprägt. Hier eine kleine Liste als Auswahl: adagio, allegro, allegro ma non troppo, allegro moderato, Alt, andante, Bariton, Bass, Bratsche, Cembalo, crescendo, diminuendo, Falsett, Libretto, Oper, Operette, Piano, presto, Sopran, staccato, Tenor, Tuba, Violine, Violoncello und vivace.

Einfluss des französischen Wortschatzes

Der Einfluss des Französischen begann im 17. Jahrhundert, als es an den deutschen Fürstenhöfen zur Mode wurde, diese vornehme Sprache zu sprechen, so dass schließlich im 18. und 19. Jahrhundert das Französische in Europa dominierte, d.h. die feudalen Eliten, z.B. in Berlin, St. Petersburg parlierten französisch. Laut einer Anekdote soll sich der preußische König Friedrich II., genannt der Große (1740-1786), angeblich nur mit seinen Hunden auf Deutsch unterhalten haben, ansonsten »parlierte« er nur auf französisch, z.B. in seinen Gesprächen mit dem französischen Philosophen Voltaire, in seinem Schloss »Sans'souci«[5], das »ohne Sorge« bedeutet.

Das Restaurant ist eine »Erfindung« der Französischen Revolution. Die vielen in der Feudalzeit bei Adligen arbeitenden Köche wurden arbeitslos und machten die ersten Restaurants auf, in die die neuen revolutionären Machthaber gingen und speisten. Die Sprache der Gastronomie ist noch heute französisch: Baguette, Biskuit, Bouillon, Boulette, Chef de partie, Commis de cuisine, Croissant, Frikassee, Gelee, kandieren, Kompott, Konfitüre, Kotelett, marinieren, Marmelade, Omelett, Patissier, Ragout, Sauce, Schokolade, servieren, Torte; tranchieren.

Andere sprachliche Einflüsse kommen aus der Mode, der Gartenkultur, dem Wohnungs- und Städtebau oder aus gesellschaftlichen Vergnügungen: Allee, Asphalt, Balkon, Ball, Ballett, Bassin, Beton, Billard, Boulette, Büfett, Boulevard, Coiffeur, Dusche, Etage, Fontaine, frisieren, Frisör, Frisur, galant, Gardine, Klosett, Konfitüre, Korridor, Kostüm, Markise, Maskerade, Palais, Parfum, parfümieren, Parkett, Parterre, Perücke, Pissoir, Pomade, Praline, Promenade, pudern, rasieren, Reklame, Rondell, Spalier, Taille, Teint, Terrasse, Toilette, Toupet, Trottoir, Visite.

Fast alle diese Wörter sind noch heute im alltäglichen Gebrauch. Allerdings wird manches Wort durch die neuen Anglizismen ersetzt wie z.B. Frisör durch Hair dresser. Alle Verben, die im Deutschen auf »-ieren« enden, sind französischen Ursprungs: Absolvieren, amüsieren, annullieren, applaudieren, arrangieren, balancieren, basieren, blamieren, chauffieren, dynamisieren, engagieren, faszinieren, flambieren, flankieren, frankieren, galoppieren, hypnotisieren, harmonisieren, hospitieren, imitieren, lancieren, legalisieren, marschieren, profitieren, qualifizieren, randalieren, rangieren,

---

5 An der Vorderfront des Schlosses steht wirklich das Apostroph zwischen »sans« und »soucis«. Man kann rätseln, was dieses Komma, auf französisch »virgule« noch beinhaltet, denn das Wort hat auch die Bedeutung »Jüngling«.

rasieren, reagieren, realisieren, rotieren, servieren, soufflieren, spionieren, suggerieren, symbolisieren, usw.

Oft gibt es für ein Wort französischen Ursprung auch ein deutsches. Dadurch hat sich der deutsche Wortschatz bereichert und verfeinert, z.B. *konstatieren* und feststellen, *autorisieren* und ermächtigen, *imitieren* und nachahmen, *applaudieren* und Beifall klatschen.

Angloamerikanischer Einfluss

Im 20. Jahrhundert wird das Französische nach und nach von dem Englischen als weltweite lingua franca, als globale Verkehrssprache abgelöst. Zunächst war es der Einfluss des britischen Empire. Spätestens seit dem Ende des Zweiten Weltkrieges übernahmen die USA die militärische, politische, wissenschaftliche und sprachliche Führungsrolle im Westen, die heute als amerikanische Globalisierung zu beobachten ist.

Sportsprache

Der Sport kam bekanntlich zu Beginn des 20. Jahrhunderts aus England, und daher haben wir noch heute folgende Wörter in unserem alltäglichen Wortschatz (vgl. *Duden* 2001: 780ff): Badminton, Baseball, Basketball, Beachball, Derby, Football, Handicap, Hockey, Pacemaker, Rekord, Rugby, Speedway, Sprint, sprinten, Sprinter, spurten, Tennis, Trainer, trainieren und Volleyball.

Andere Beispiele liefert die englische Seefahrt wie Log, Lotse, Pier und Steward.

Kommunikationstechnologie

Heutzutage ist die Informations- und Kommunikationstechnik ohne den Gebrauch englischer Wörter nicht mehr vorstellbar und verständlich: Booten, Browser, Chip, Compact Disk, Computer, CPU (Central Processing Unit), E-Mail, Harddisc, Hardware, High tech, Internet, Keyboard, Laptop, Memory stick, Modem, Motherboard, on-line, PC (Personal Computer), Printer, Provider, RAM (Read only memory), ROM (Read access memory), Scanner, Software, Sound check, Stand-by, Stick, surfen und Tool.

Wirtschaft und Politik

Aufgrund der Vorherrschaft der amerikanischen Supermacht ist auch die Sprache der Politik und Wirtschaft immer weniger deutschsprachig, sondern die Anglizismen sind in den Medien häufig zu hören:

Wirtschaft: Cashflow, cash-and-carry-Großhandel, Clearing, Coaching, Consulting, Controlling, Corporate Identity, Crossrate, Global Player, Hedgefunds, Jobsharing, Joint venture, Just-in-time-Fertigung, Marketing, Meeting, Outsourcing, Performance, Primerate, Portfoliomanagement. Swapgeschäft und Shareholder Value.

Politik: go-in, NATO (North Atlantic Treaty Organization), NGO (non-governmental organization), PC (Political correctness), Peacekeeping, sit-in, UN (United Nations), UNESCO (United Nations Educational Scientific and Cultural Organisation), USA.

Deutsche Leitkultur als Abgrenzung: Deutschtum und Fremdheit

Die deutsche Kultur ist also weitgehend durch Einflüsse von »außen«, aus anderen Regionen und Ländern Europas geprägt worden: Die allmächtige katholische Kirche im Mittelalter, das aufkommende römische Recht, der Humanismus und die Renaissance aus Italien, die Dominanz der französischen Kultur seit dem 17. Jahrhundert und andere außereuropäische Einflüsse. Im Zuge der allmählichen Bildung von Nationalstaaten in Europa im 18. und 19. Jahrhundert tauchte die Frage nach dem deutschen Selbstverständnis auf: was ist deutsch? Die Franzosen hatten ihre erfolgreiche Revolution von 1789 vollbracht und sich positiv auf ihre Ideale von Freiheit, Gleichheit und Brüderlichkeit als positive Identitätsstiftung verständigt. Das war – wenn man so will – den deutschen Monarchen und Fürsten verdächtig. Man suchte nach einer anderen Lösung für die Schaffung eines »Nationalismus von oben« (Hobsbawm 1996: 97ff) und besann sich auf germanisch-deutsche Mythen.

Mythos »Deutsch«

Noch immer geistert in einigen konservativen Köpfen der germanische Mythos vom »Deutschtum« als Grundlage für die proklamierte deutsche Kulturnation. Doch gibt es überhaupt so etwas wie einen Anfang für die deutsche Kultur? Oder ist das »Deutschtum« eine intellektuelle Erfindung im Rahmen der Bildung der Nationalstaaten des 19. Jahrhunderts? Schon 1928 hat ein Abgeordneter der Zentrumspartei im Reichstag eine »Leit-Cultur« gefordert, Thomas Mann hat dem entschieden widersprochen.

> »Als wenn wir Schriftsteller und Künstler denkbar wären ohne Orient und

Okzident! Wir sind schlechte Zeugen für die Leit-Cultur des Abgeordneten Mey. ... Und sperrten wir ... unsere nationalen Grenzen nach allen vier Windrichtungen hermetisch ... – das Ideal ethnischer Verdummung bleibe ein Wunschtraum. Wir haben den Feind im Land. Goethe, Lichtenberg, Schopenhauer; es hilft nichts.« (*Frankfurter Allgemeine Zeitung* vom 11. Dezember 2000, zitiert nach Kürsat-Ahlers/Waldhoff 2001: 56)

Etymologie »deutsch«

Das Adjektiv »deutsch« gehört von seiner Herkunft zur germanischen Wurzel »*theuto«, die inhaltlich »Volk« bedeutet. Deutsch war im Mittelalter die Bezeichnung für den Gebrauch der germanischen Volkssprache im Gegensatz einerseits zum Latein, das die Eliten des katholischen Europas sprachen, und andererseits zu den romanischen Sprachen. Diese Volkssprache bildete die Grundlage für die nationalstaatliche Mythenbildung »Deutsche Nation« im 19. Jahrhundert, die später unter Bismarck zur Gründung des »Deutschen Reiches« von 1871 geführt hat.

Nationalstaatliche Mythenbildung »Deutsch«

Im Rahmen der Bildung von Nationalstaaten in Europa wird das »Deutschtum« von national-romantischen Dichtern und Denkern des 19. Jahrhunderts zu einem Mythos – »eine Überlieferung aus der Vorzeit eines Volkes in Form von Dämonen-, Götter- und Heldensagen, zur Legende Gewordenes« (Pfeifer 1993: 904) – hochstilisiert. Das »deutsche« Volk wird als eine eigenständige Nation einzig und allein über seine Herkunft und seine Kultur her definiert. Es kommt zur romantischen Verklärung des Deutschtums, des deutschen Volkes und der deutschen Nation. Nach der vernichtenden Niederlage Preußens gegen Napoleons Frankreich 1806 in der Doppelschlacht bei Jena und Auerstedt in Thüringen hielt der Philosoph Johann Gottlieb Fichte (1762-1814) 1808 seine berühmten *Reden an die deutsche Nation.* So definiert er die »Hauptverschiedenheit zwischen den Deutschen und den übrigen Völkern germanischer Herkunft« in seiner vierten Rede in Bezug auf die Sprache:

> »Somit ist unsere nächste Aufgabe, den unterscheidenden Grundzug des deutschen vor den andren Völkern germanischer Abkunft zu finden, gelöst. Die Verschiedenheit ist sogleich bei der ersten Trennung des gemeinschaftlichen Stammes entstanden und besteht darin, daß der Deutsche eine bis zu ihrem ersten Ausströmen aus der Naturkraft lebendige Sprache redet, die übrigen germanischen Stämme eine nur auf der Oberfläche sich regenden, in der Wurzel aber tote Sprache.« (Fichte 1912: 71)

Folgerichtig wird daher völkisch in der neunten Rede weiterargumentiert:

> »Die höhere Vaterlandsliebe für das gemeinsame Volk der deutschen Nation mußte und sollte ja ohnedies die oberste Leitung in jeden besondern deutschen Staate führen; keiner von ihnen durfte je diese höhere Angelegenheit aus den Augen verlieren, ohne alles Edle und Tüchtige von sich abwendig zu machen und so seinen eignen Untergang zu beschleunigen; je mehr daher jemand von jener höheren Angelegenheit ergriffen und belebt war, ein desto besserer Bürger war er auch für den besondern deutschen Staat, in den sein unmittelbarer Wirkungskreis fiel.« (Fichte 1912: 152)

Bis zum damaligen Zeitraum gab es im Prinzip nicht »die« deutsche Nation und damit auch nicht die »deutsche Nationalkultur«.

> »Die Nationalkulturen waren eben nicht, wie die Romantiker in Anlehnung an Herder glaubten, kollektive Wesenheiten, aus uralten Tiefen der Volksseele emporgestiegen; sie waren meist Sache weniger »Erwecker«, von Intellektuellen – Dichter, Philosophen, Historiker und Philologen – die die Nationen Europas aus der Taufe hoben, und dies oft im fernen Exil, in Paris, London oder Wien. ...
>
> Der Geist des Volkes, der beschworen wurde, um die Nation zu rechtfertigen, war ganz und gar der Geist einer kleinen Schicht gebildeter Enthusiasten.« (Schulze 1994: 175-177)

Deutschtum bzw. deutsche Nation ist eine intellektuelle Kopf-Erfindung von Geschichte bzw. von Geschichtsschreibung, die es so nie gegeben hat. Nach Helmuth Plessner (1998) ist Deutschland *Die verspätete Nation*. In einem Vorspann wird sein Buch zusammengefasst:

> »Mit der verspäteten ökonomischen und politischen Entwicklung hat Deutschland auch den Anschluß an die liberalen Ideen der Aufklärung verpasst. Der politische Liberalismus Englands bleib der deutschen Kultur ebenso fremd wie der demokratische Rationalismus Frankreichs, dessen rationale Rechtsidee die Kraft der Tradition zu brechen vermochte. Statt dessen kultiviert das öffentliche Bewusstsein in Deutschland in der Idee des Volkstums eine Ursprünglichkeit, die gegen die jüngste Geschichte weiter immunisiert.«

Deutschtum contra Fremdheit

Fast alle Politiker benutzen das Wort Integration, aber selten wird es klar definiert oder umschrieben. Es ergibt sich der Verdacht, dass darunter eher »Zwangsgermanisierung« oder mit einem Fachwort formuliert Assimilation, also Anpassung verstanden wird. Neben der Leitkultur tauchen in den letzten Jahren solche Begriffe wie »Patriotismus«, »Vaterland« oder Slogans wie »Ich bin stolz, ein Deutscher zu sein« auf.

Heiner Hofsommer, Schulleiter im Kreis Fulda, hat in einem Büchlein 2001 – so der Titel – gegen *Mißstände in Bildung, Erziehung und Politik* polemisiert und – so der Untertitel – »ein Plädoyer gegen Blindheit und Feigheit – für eine Leitkultur in Deutschland« gehalten. Seiner Meinung nach beruht eine deutsche Leitkultur auf den Säulen der preußischen Tugenden, denn er behauptet ohne irgendwelche Belege anzuführen:

> »Geistig und moralisch steckt Deutschland in einer großen Orientierungslosigkeit. Dieses Land erlebt einen Kultur- und Traditionsbruch nie gekannten Ausmaßes. Bewährte Tugenden wie Fleiß, Ordnung, Disziplin, Pflichterfüllung. Leistungsbereitschaft, Dienst am Gemeinwesen, Tradition, Liebe zu Volk und Vaterland werden mies und lächerlich gemacht. Toleranz wird mit Gleichgültigkeit, Freiheit mit Zügellosigkeit verwechselt.« (Hofsommer 2001: 13).

Und an anderer Stelle wird vor den Migranten gewarnt:

> »Ein unkontrolliert und auf die Ausbeutung unseres Sozialsystems ausgerichteter Zuzug erzeugt langfristig wirkende Minderheitsprobleme und überfordert die Aufnahmebereitschaft der deutschen Bevölkerung. Wir wollen unsere deutsche Identität bewahren, denn Identitätskrisen führen zu Gewalt.« (Hofsommer 2001: 34).

Hier wird eine kulturelle Assimilation gefordert.

Assimilation

Das Wort Assimilation leitet sich von lateinisch »assimilatio«=»Angleichung, Anpassung«, einer Bildung zu lat. »similare«=»ähnlich machen, angleichen, nachahmen«, vgl. auch das Adjektiv »similis«=»ähnlich«, im Englischen »similar«, im Französischen »semblable«. In der Soziologie wird der Begriff als Angleichung des Individuums oder einer Gruppe an die sozialen Verhaltensweisen und Normen der (deutschen) Mehrheit verstanden. Nur was heißt das konkret? Das ist nicht definierbar.

Wissens- und Wertetest

Hessens Innenminister Volker Bouffier (CDU) hat im Sinne der Leitkultur-Ideologie nachgedacht und als Loyalitätsbekundung für die Einbürgerung von Ausländern im März 2006 vorgeschlagen, einen »Wissens- und Wertetest« abzulegen. Hier können Sie sich selbst testen, ob Sie noch weiter Deutscher bleiben können. Es sind 100 Fragen, hier eine kleine Auswahl:

Frage 9 (für die Katholiken)
Was verstehen Sie unter dem Begriff »Reformation«, und wer hat sie eingeleitet?

Frage 25 (für die Hartz IV-Empfänger)
Was verstehen Sie unter dem deutschen »Wirtschaftswunder«?
Frage 27 (für CDU-Wähler/innen)
Welcher deutsche Bundeskanzler bekam den Friedensnobelpreis?
Frage 29 (für alle Wessis, die die Ossis nicht kennen)
Nennen Sie die Bundesländer, die heute auf dem Gebiet der ehemaligen DDR existieren!
Frage 30 (an alle geschichtslosen Politiker der Rechten)
Der 9. November hat in der deutschen Geschichte eine besondere Bedeutung. Welche Ereignisse fanden statt a) am 9.11.1938 und b) am 9.11.1989?
Rückfrage an den kaisertreuen Minister über seine Geschichtskenntnisse. Warum hat er den 9.11.1918 vergessen?
Frage 58 (für die fraktionsdiziplinierten Bundestagsabgeordneten)
Für die Abgeordneten in den Parlamenten gilt der »Grundsatz des freien Mandats«. Was heißt das?
Frage 84 (für angehende Abiturienten)
Der deutsche Maler Caspar David Friedrich malte auf einem seiner bekanntesten Bilder eine Landschaft auf der Ostseeinsel Rügen. Welches Motiv zeigt dieses Bild?
Frage 87 (für die treuen BILD-Leser/innen)
Nennen Sie drei überregionale deutsche Tageszeitungen und zwei öffentlichen-rechtliche Rundfunkanstalten!

Hätten Sie alle Fragen gewusst, oder sollten sie lieber Ihre Staatsbürgerschaft an den hessischen Minister zurückgeben und staatenlos werden? Sie haben die freie Wahl.

Nach meiner Einschätzung müsste wahrscheinlich mindestens die Hälfte aller Deutschen ihren Pass abgeben oder irre ich mich?

Inzwischen ist die Diskussion öffentlich weitergeführt worden und sollte möglichst bundesweit einheitlich geregelt werden. Und dafür sind die Polizeiminister, Verzeihung die Innenminister und -senatoren der Länder zuständig. Da sich die CDU und SPD geführten Bundesländer nicht in allen Punkten einigen konnten, haben sie auf der *Ständigen Konferenz der Innenminister und -senatoren der Länder* am 5. Mai 2006 in Garmisch-Partenkirchen folgenden Beschluss Nr. 7 zur »Integration und Einbürgerung« gefasst:

I. Integration

1. Die erfolgreiche Integration rechtmäßig in Deutschland lebender Migranten liegt im wohlverstandenen Interesse der aufnehmenden Gesellschaft wie der zugewanderten und zuwandernden Menschen. Entsprechend dem Prinzip des Forderns und Förderns sind die Zuwanderer und Aufnahmegesellschaft gehalten, ihren Beitrag zum Gelingen der Integration zu leisten. Schlussstein gelungener Integration ist die Einbürgerung. ...
2. ...
3. Die IMK ist der Auffassung, dass u.a. folgende Eckpunkte Grundlage der weiteren Berstungen sein sollen:
   3.1. Das Grundgesetz bestimmt die Grundwerte unserer Gesellschaft. Es ist auch für Migranten die verbindliche Grundlage des Lebens in der Bundesrepublik Deutschland ...
   3.2. Migranten müssen sich aktiv zu Demokratie und moderner Gesellschaft als gemeinsamer Grundlage des Miteinanders bekennen. ...
   3.3. ...
   3.4. Parallelgesellschaften gefährden die Basis des gesellschaftlichen Miteinanders. ....
   3.5. Wer in Deutschland lebt, muss deutsch verstehen und sprechen können.
4. ...

II. Einbürgerung

1. Die IMK hält es für erforderlich, dass in Zukunft für die Einbürgerung bundesweit grundsätzlich folgende gleiche Standards gelten sollen:
   a) Regelmäßig rechtmäßiger Daueraufenthalt von acht Jahren
   b) Beherrschen der deutschen Sprache, ...
   c) Höhere Anforderungen an die Rechtstreue:
      ... Um die Rechtstreue des Einbürgerungsbewerbers sicherzustellen, soll in der Regel künftig bereits eine Verurteilung zu einer Geldstrafe von 90 Tagessätzen die Einbürgerung ausschlissen. Dabei sollen kleinere Strafen kumuliert werden können
   d) ... Einbürgerungskurse...
   e) Loyalitätserklärung und Bekenntnis zu unserer freiheitlichen demokratische Grundordnung ...
   f) ...
   g) ...
2. Die IMK richtet eine länderoffene Arbeitsgruppe ... ein, mit dem Ziel, eine gemeinsame Bundesratsinitiative sowie die weiteren Umsetzungsschritte vorzubereiten,.

Kritischer Kommentar, der dann explizit in den nachfolgenden Kapiteln ausgeführt wird:
Ad Begriff Integration: Der Begriff wird einseitig als Assimilation verstanden, d.h. die Minderheiten sollen sich anpassen.
Ad Begriff Parallelgesellschaft: Der Begriff wird nicht definiert. Man denkt hier nur an ethnische und nicht an soziale Parallelgesellschaften (vgl. weiter unten 2. Kapitel).
Ad Einbürgerung: Jugendliche, die bereits heute aufgrund ihrer Lebensumstände vorbestraft sind, haben keinerlei Chance, die deutsche Staatsbürgerschaft jemals zu erhalten. Sie werden weiterhin stigmatisiert und an den Rand der Gesellschaft gedrängt.
Ad Sprache: Deutsch *ja*, aber die Muttersprachen der Migranten als Ressource bleiben völlig unberücksichtigt.

Typisch »deutsch«

Die Frage »was ist typisch?« lässt sich von »außen« oder von »innen« beantworten.

Deutsche Kultur von außen betrachtet
Im Rahmen der Leitkulturdebatte im Jahre 2000 hat die *Süddeutsche Zeitung* (SZ, 9. Nov. 2000: 12) einige »Ausländer«, aber heute in Deutschland lebende bzw. mit uns verbundene Menschen danach befragt, was für sie jeweils typisch deutsch bedeutet. Hier einige spannende Aussagen im Ausschnitt:
Nasrin Bassiri, 55, Hörfunkjournalistin, kam vor siebzehn Jahren aus dem Iran:

> »Ich habe inzwischen vielleicht ein bisschen mehr Ordnung im Kopf als meine iranischen Landsleute. Aber ich habe mir in meiner Zeit in Deutschland auch einige nette Sachen abgewöhnt. Manchmal würde ich gern einem Kind den Kopf streicheln in der U-Bahn. Oder fremde Menschen fragen, wo sie etwas gekauft haben. Aber die Leute würden mich für verrückt halten.«

Francoise Cactus, 36, französische Sängerin und Dichterin:

> »... Das Seltsamste an ihnen ist diese Sturheit, die alles komplizierter macht. Wenn sie auf der Autobahn ein Stau-Schild sehen, fahren sie sofort rechts ran. Und wehe, es zieht einer an ihnen vorbei. Dann bricht das totale Chaos aus. Die Deutschen haben eine große Sehnsucht nach Raum, in der Ge-

schichte, in der U-Bahn, überall. Wenn der Zweig vom Nachbarn dreißig Zentimeter über den Gartenzaun wächst, muss er natrülich weg ...«

Lindsay Munroy, 34, schottische Übersetzerin, kam vor zwölf Jahren nach Berlin:

»... Mir gefällt es, dass die Deutschen einen nicht dauernd anquatschen wie die Engländer, nur weil sie nichts Besseres zu tun haben. Ich verstehe nicht, warum die Leute hier nicht einfach aufstehen können und sagen: Ich mag mein Land.«

Cem Özdemir, 34, jetzt Abgeordneter im Europäischen Parlament:

»Deutsch ist an mir, dass ich hier geboren bin, einen deutschen Pass habe, dem Land als Volksvertreter diene ... Meine Muttersprache ist Türkisch. Für die Mehrzahl der Bürger in dieser Republik bin ich deshalb zwar Staatsbürger, aber kein Deutscher. US-Amerikaner kann ich sein, wenn ich mich zu Amerika und seinen Werten bekenne – das reicht in Deutschland noch immer nicht aus. Für die meisten Bundesbürger bleibe ich Türke.«

Walter Rothschild, 47, liberaler Rabbiner aus Großbritannien:

»Deutsch an mir ist diese Leidenschaft für Eisenbahnen. Züge und Fahrpläne, das ist für mich der Inbegriff von Pünktlichkeit – von deutscher Identität.«

Christoph Nsoh, 32, stammt aus Kamerun und lebt als Asylbewerber in Brandenburg, hat 2004 an der Alice-Salomon-Fachhochschule für Sozialarbeit und Sozialpädagogik Berlin den Master of Arts – Intercultural Conflict Management absolviert.

»Ich kann nur hoffen, dass nicht allzu viel an mir deutsch ist. Stolz kann man auf dieses Land wirklich nicht sein. Seit ich in Brandenburg wohne, wurde ich dreimal angegriffen ...

Bei Aussagen von Nicht-Deutschen über die Deutschen tauchen oft die Worte »Ordnung« und »Pünktlichkeit«, aber auch die erkennbare Distanz zum Anderen auf, also auch Ablehnung des Fremden. Ist das typisch deutsch?

Typisch deutsch

Bei all dem vielfältigen Einfluss der unterschiedlichen Kulturen bleibt die Frage, ob sich aus den außer- und binneneuropäischen Kultureinflüssen etwas Eigenständiges entwickelt hat, das innerhalb der »Viefalt in der Einheit Europas« als originär »deutsche Kultur« bezeichnet werden kann. Der Kulturwissenschaftler Hermann Bausinger hat in seinem Buch *Typisch deutsch. Wie deutsch sind die Deutschen?* versucht, diese Frage zu beantworten. Er kommt tendenziell zum Ergebnis, dass »*die* nationalen Eigenheiten« nicht homogen für alle Deutschen gelten. Das Bild schwankt zwischen dem Selbstbild der Deutschen von sich selbst und dem Fremdbild der Nicht-Deutschen, die beide oft stereotyp sind.

Deutsche Werte und Tugenden

Eine schwierige Aufgabe ist es zu untersuchen, ob es so etwas wie nationale deutsche Werte, Normen und Tugenden gibt, die als Vorstellung aller Deutschen im Bewusstsein existieren. Das ist selbstverständlich als hundertprozentige These auf jeden Fall zu verneinen, denn es werden immer wieder Menschen von der jeweilig »herrschenden« Norm abweichen, wie bereits Emile Durkheim (1858-1917), der Begründer der französischen Soziologie, am Ende des 19. Jahrhunderts feststellte:

> »Das moralische Bewußtsein der Gesellschaft könnte sich allen Individuen vollständig und mit einer Lebhaftigkeit mitteilen, die ausreichend wäre, um jede Überschreitung zu verhindern, die rein moralischen Vergehungen ebenso wie die Verbrechen. Eine so allumfassende und so absolute Uniformität ist jedoch schlechtweg unmöglich; denn die unmittelbar physische Umgebung, in die jeder von uns hineingestellt ist, die erheblichen Vorbedingungen, die sozialen Einflüsse, von denen wir abhängen, schwanken von Individuum zu Individuum und gestalten dadurch jedes Bewußtsein anders ... Da es also keine Gesellschaft geben kann, in der die Individuen nicht mehr oder weniger vom kollektiven Typus abweichen, ist es unvermeidlich, daß sich unter diesen Abweichungen auch solche befinden, die einen verbrecherischen Charakter tragen.« (Durkheim 1984: 159)

Nun muss man nicht gleich zum Verbrecher werden, wenn man von der Regel, der Norm abweicht, aber Ausnahmen bestätigen immer die Regel. Hermann Bausinger (2000: 30) zitiert deutsche Umfragen, nach denen folgende Begriffe am meisten genannt werden: Zuverlässigkeit, Fleiß, Perfektion, Ordnung und Pünktlichkeit. Das stimmt auch tendenziell mit der Wahrnehmung der Deutschen durch unsere europäischen Nachbarn überein.

Ordnung und Organisation

»Organisation ist das halbe Leben«

Diesen Spruch hört man öfters. Und sicherlich sind Ordnung und Organisation wichtige gesellschaftliche Prinzipien in der deutschen Gesellschaft. Man denke nur an die vielfältigen »Ordnung«sbegriffe und die zahlreichen Redewendungen wie z. B. (vgl. *Duden* 1989: 1105) die Ordnungsbegriffe: Ordnungsamt als städtische Behörde, Ordnungsdienst bei Versammlungen,

Ordnungshüter: scherzhaft oder ironisch für Polizeibeamter, Ordnungsliebe als ausgeprägte Neigung, Ordnungsruf als offizielle Ermahnung zur Disziplin, Ordnungsstrafe als Geldstrafe bei einer Ordnungswidrigkeit, Ordnungswidrigkeit als Verstoß.

Bekannte Redewendungen mit »Ordnung« sind: etwas in Ordnung bringen, jemanden in Ordnung bringen, in Ordnung kommen, in Ordnung sein, in schönster / bester Ordnung, in Ordnung gehen, etwas ist ganz in Ordnung, jemanden zur Ordnung rufen.

Das Wort Ordnung kommt von ordnen und ist von lateinisch »ordinare«=»in Reihen zusammenstellen, ordnen, anordnen« entlehnt. Dieses Verb ist von »ordo«=»Reihe, Ordnung, Rang, Stand« abgeleitet.

Pünktlichkeit

Obgleich Sie sicherlich viele Menschen kennen, die stets unpünktlich sind, werden Sie als Deutscher im Ausland bei einer Verabredung als pünktlich erwartet. Bei einem gegenteiligen Verhalten sind ihre ausländischen Gastgeber enttäuscht. Dass Pünktlichkeit auch in der deutschen Gesellschaft gilt, lässt sich aus folgendem sozialem Verhalten ableiten:

- Die Menschen schauen an der Bushaltestelle auf die Uhr, weil der Bus noch nicht eingetroffen ist.
- Die Diskussion über die Pünktlichkeit der »Deutschen Bahn« ist fast ein Dauerthema in der Öffentlichkeit.
- Für Zuspätkommende gibt es in der Schule unter Umständen eine Eintragung ins Klassenbuch, und wer vom Arbeitsamt ein Unterhaltsgeld bezieht und zu spät zur Ausbildungsstätte kommt, dem wird Geld abgezogen.

Diese Wertvorstellungen von Ordnung und Pünktlichkeit werden sicherlich von der großen Mehrheit geteilt. Doch für den Alltag schätzen nach meiner Ansicht die Mehrheit der Deutschen folgendes als sehr wichtig für ihr Leben ein: Fußball, Auto und Reisen.

Deutsche Mentalitäten

Diese gesellschaftliche Spielregeln sind auch in dem Mentalitätsbewusstsein der Mehrheit der Deutschen erkennbar: Mentalität ist unter dem Einfluss des französischen Wortes »mentalité« aus dem Englischen »mentality« übernommen worden und bedeutet »Denkart, Geisteshaltung, Auffassungsgabe«. Nach Kenntnis vieler Umfragen, endloser Diskussionen in den Medien mit den PolitikerInnen und BürgerInnen sind es insbesondere drei wesentliche Elemente, die die deutsche Mentalität bestimmen und anscheinend auch den Zusammenhalt der Bürger gewährleisten:

- Wohlstand als Ressource für Geld und Solidarität,
- Leistung als Ressource für Geld und
- Freizeit als Ressource für persönliche Entscheidungskompetenz.

Alle drei Elemente spiegeln sich im Selbstverständnis der Bürgerinnen und Bürger wider.

Die Bundesrepublik Deutschland als Wohlstandsgesellschaft

Im Vergleich zur Zeit vor dem Zweiten Weltkrieg hat die Bundesrepublik Deutschland seit dem Beginn der fünfziger Jahre des 20. Jahrhunderts zunächst einen stetigen unübersehbaren wirtschaftlichen Aufschwung erlebt, der mehr oder weniger fast allen Bürgern zugute kam. Das Konzept »Soziale Marktwirtschaft« als einen durch den immer mehr ausgebauten Sozialstaat gezähmten Kapitalismus schien eine Erfolgsstory zu sein.

Die CDU/CSU konnte mehrere Wahlkämpfe führen und gewinnen, indem sie einerseits negativ mit dem Schreckgespenst »Kommunisten« und »Osten« drohte, aber andererseits positiv mit dem Slogan »Wohlstand für Alle« erfolgreich warb. Die geniale Erfindung des Wortes »Soziale Marktwirtschaft« anstelle des »bösen Kapitalismus« leugnete mögliche krisenimmanente Tendenzen des Kapitalismus. Karl Marx war »out« und Ludwig Erhard war »in«. Dieses Wirtschaftssystem sicherte den Bürgern ca. dreißig Jahre nahezu Vollbeschäftigung und soziale Sicherung. Es war eine gelungene Mischung aus Massenkonsum und Sozialstaat. Schon 1953 prägte der Kölner Soziologe Helmut Schelsky das Schlagwort von der »Nivellierten Mittelstandsgesellschaft«: Armut verschwindet, die Reichen verstecken ihr Vermögen. Alle Bundesdeutschen bewegen sich zur Mitte hin und fühlen sich als anerkannte Mittelschichtsbürger des Landes. Es gibt kein Proletariat mehr, aus dem Arbeiter wurde zumindest der Facharbeiter, der Techniker, der Meister oder sogar der Angestellte. Schon mit den ersten Gastarbeitern aus Italien 1956 begann die sog. »Unterschichtung«, d.h. deutsche Arbeiter konnten sozial in der Gesellschaftspyramide aufsteigen, denn die niedrigen Arbeiten in der Gastronomie, der Landwirtschaft, später im Bergbau, Elektro- und Automobilindustrie wurden von den angeworbenen Arbeitsmigranten übernommen.

Diese dreißigjährige Wohlstandserfolgsstory suggerierte gleichzeitig in fast allen Bevölkerungskreisen, dass die kapitalistische Marktwirtschaft krisenfrei sei. Diese »Wohlstandssozialisation« und diese »Erziehung zum Sozialstaat« hat die Deutschen verwöhnt. Zentrales soziales Bindemittel war die starke DM, auf die man so stolz war. Hätte man bei der Einführung des EURO eine Volksabstimmung durchgeführt, so wäre unter Umständen eine Mehrheit dagegen gewesen. Nur die Einigkeit der Politischen Klasse hat eine kontroverse Diskussion verhindert.

Der wirtschaftliche Aufschwung ermöglichte auch die erwünschte Verdrängung des Nationalsozialismus. Statt der zwölfjährigen Nazipropaganda und des verlorenen Weltkrieges hatte man jetzt u.a. die starke Währung »unsere DM«. Sie ermöglichte den Kauf des ersten Volkswagens für die ganze Familie, den ersten Traumurlaub als Auslandsreise z.B. an den Gardasee oder nach Rimini, den Erwerb des Einfamilienhauses am Stadtrand mittels des Bausparvertrages. Der lebenslange Arbeitsplatz und das kontinuierlich steigende Einkommen führte zur Erfüllung des kleinen privaten Glücks im Alltag. Das umfassende Konzept von Invaliden-, Kranken-, Arbeitslosen- und Rentenversicherung sicherte das Risiko von Unfall, Krankheit, Arbeitslosigkeit und Alter ab.

Die Bundesrepublik Deutschland als Leistungsgesellschaft

Mit der Vorstellung von Arbeit, möglicher Vollbeschäftigung und Sozialstaat wurde eine andere alte Ideologie verknüpft: Die Deutschen sind ordentlich und organisiert, sie arbeiten fleißig und technisch mit hohem Qualitätsstandard, sie bringen Leistungen. Als sog. Leistungsträger schaffen sie »Made in Germany« und sind daher fast jedes Jahr »Export-Weltmeister«. Dieser Leistungsstolz lässt sich oft bei den Deutschen in ihrem Urlaub im Ausland beobachten, wenn es um die »deutschen« Tugenden wie Pünktlichkeit, Ordnung und Sauberkeit geht. Die häuslichen Maßstäbe werden an die anderen Kulturen angelegt und miteinander verglichen. Das kann oft zu peinlichen, deutschzentrierten Aussagen führen, was bei »uns« alles besser sei.

Die Bundesrepublik Deutschland als Freizeitgesellschaft

Alt-Bundeskanzler Helmut Kohl hat einmal gesagt, dass Deutschland erstens die »jüngsten« Rentner hat, zweitens die »ältesten« Studenten und drittens die Bevölkerung mit der meisten Freizeit. Wenn man europäische Vergleichsländer heranzieht, dann haben die Finnen und Niederländer noch mehr Urlaubstage im Jahr, die Italiener gehen früher in Rente und woanders wird auch lange studiert. Im Jahre 2003 betrugen die durchschnittlichen tariflichen Urlaubstage in Schweden 33 Tage im Jahr, in den Niederlanden 31,3, in Dänemark 30 und dann folgend an 4. Stelle Deutschland mit 29,1 Tage. Aber im Kern hat Helmut Kohl Recht, denn es herrscht folgende Mentalität bei der Mehrheit der Deutschen vor:

Jeder möchte ein Maximum an Freizeit haben – frei nach dem Motto »Freitags um eins macht jeder seins« –, aber alle anderen Berufsgruppen, die man noch für das eigene Wohlbefinden braucht, mögen bitte rund um die Uhr für einen verfügbar sein. Für die Verwirklichung dieses Freizeitverhaltens gibt es drei Statussymbole oder drei »heilige Kühe«:

- erstens der unverzichtbare Urlaub: Mallorca ist im Sommer wegen des Massentourismus zeitweilig ein »17. Bundesland«,
- zweitens das unverzichtbare Auto als Statussymbol, weil es »Freiheit« und Mobilität garantiert und
- drittens in der Freizeit für die Männer natürlich den Fußball. Daher muss Deutschland in regelmäßigen Abständen weniger Jahre immer wieder Fußballweltmeister werden: 1954 und 1990 und natürlich wieder im Jahre 2006 oder etwa nicht? Denn (fast) alle deutschen Männer sind die klügsten Kenner und wissen daher haargenau, was der Bundestrainer spielerisch-strategisch-taktisch jeweils zu tun hat.

Nur kurz erwähnt seien an dieser Stelle auch andere vormoderne oder überholte gesellschaftsverbindende Normen. Dazu gehören u.a. die Religion oder Nationalismus.

Die Bundesrepublik Deutschland als Nationalstaat

Aufgrund des Nationalsozialismus und des Zweiten Weltkrieges ist der Begriff Nation bzw. deutsche Nation belastet und im Bewusstsein der deutschen Bevölkerung eher negativ verhaftet. Die meisten Deutschen können nicht den Text der Nationalhymne singen. Alle Versuche der letzten Jahre, die Nation bzw. das »Nationale« als verbindliche Norm in den Köpfen zu verankern, sind – Gott sei Dank – gescheitert.

Wenn also Nationalgedanken, Leistung, Wohlstand und Freizeit nicht ausreichen bzw. zu unverbindlich sind, dann bleibt als einzige verbindliche Grundlage für das Zusammenleben in der deutschen Gesellschaft nur noch eines als Maßstab: die Anerkennung der (deutschen) Rechtskultur oder die Bürgerpflicht zu ihrer Rechtsbefolgung. (vgl. weiter unten 5. Kapitel)

Fazit: Der kulturelle Alltag ist weder typisch deutsch, noch europäisch, noch amerikanisch, sondern ein komplexer Kulturmix aus der Akzeptanz und Weiterentwicklung globaler und europäischer Kultureinflüsse, nationaler Eigenarten und regional-lokaler Besonderheiten

Kapitel II

Soziale Parallelgesellschaften

Fiktiver Prolog II A: Herr Otto Deutschmann

Herr Deutschmann hat Betriebswirtschaft studiert. Er ist ein gut verdienender leitender Angestellter in einem Großunternehmen der Industrie und arbeitet in der Abteilung Controlling. Er wohnt mit seiner Frau und seinen beiden kleinen Kindern in einem Einfamilienreihenhaus am Rande einer Großstadt im Grünen. Jeden Tag pendelt er mit dem Auto zur Arbeit. In seiner Abteilung arbeiten nur deutsche Mitarbeiter, mit den ausländischen Arbeitern in der Produktion hat er nichts zu tun. Seine beiden Kinder gehen noch in den Kindergarten, im dem – von zwei Ausnahmen abgesehen – keine ausländische Kinder sind. Die beiden Ausnahme-Kinder sind die Tochter eines amerikanischen Diplomaten und der Sohn eines russischen Computerspezialisten.

Fiktiver Prolog II B: Frau Ayse Türkmen

Frau Türkmen ist im Rahmen einer arrangierten Heirat vor sieben Jahren aus der Kleinstadt Erzurum in Ostanatolien nach Deutschland gekommen. Sie lebt mit ihrem Mann und den drei Kindern im Alter von zwei, vier und sieben Jahren in einer Altbauwohnung in einem weitgehend von Türken und Arabern bewohnten Stadtteil einer Großstadt.

Ihr Mann ist als sog. Gastarbeiterkind vor 27 Jahren in Deutschland geboren worden. Er hat keinen ordentlichen Schulabschluss und arbeitet als Gelegenheitsarbeiter

Frau Türkmen hat die Schule in der Türkei nur vier Jahre besuchen können und ist faktisch Analphabetin. Sie geht jeden Tag in der türkischen ethnic community einkaufen. Alle sprechen mit ihr Türkisch. Zu Besuch kommen nur türkische Verwandte oder Bekannte. Außer Guten Tag und auf Wiedersehen für die wenigen deutschen Nachbarn hat sie noch kein deutsches Wort lernen müssen

Zur Herkunft des Wortes

In den letzten Jahren hat sich der Begriff »Parallelgesellschaft« in der politisch-medialen Debatte etabliert, um vor den angeblichen Gefahren einer Abschottung von Migrantengruppen zu warnen. »Parallelgesellschaft« ist in der letzten, der 23. Auflage des *Duden* von 2004 (noch nicht) aufgezählt. Dieses Schlagwort dient ebenso wie »Leitkultur« der Verschleierung von Defiziten einer fehlgeschlagenen Migrationspolitik.

Der Begriff »Parallelgesellschaft« war zunächst in der westlichen Politik positiv besetzt, beschrieb er doch in der Zeit der kommunistischen Ostblockländer den Aufbau und die Existenz von eigenen, halböffentlichen Strukturen im Untergrund parallel zu den offiziellen, von den kommunistischen Partien kontrollierten staatlichen Institutionen. Das Wort »Parallelgesellschaft« selbst lässt sich gut aus seiner Etymologie, seiner sprachlichen Herkunft, erklären:

1. Das Wort »parallel« kommt über lateinisch »parallelus« aus gleichbedeutend griechisch »parallellos« und bedeutet »nebeneinander stehend, laufend«.
2. Das Wort »Gesellschaft« ist urdeutsch und leitet sich vom Wort »Saal« ab. Derjenige, mit dem man im gleichen Saal ist, ist dann der »Geselle«, viele Gesellen wohnen in einem Saal und bilden schließlich die Gemeinschaft oder heute die Gesellschaft.

Leben also alle Mitglieder der deutschen Gesellschaft gemeinsam in einem »Saal« oder wohnen sie in verschiedenen Räumen des Hauses Bundesrepublik Deutschland?

Das Schlagwort »Parallelgesellschaft« soll im Sinne seiner politischen Erfinder bedeuten, dass anscheinend viele nicht-deutsche oder ausländische BürgerInnen (in) der deutschen Gesellschaft nebeneinander leben. Sie wohnen getrennt in sog. ethnischen Vierteln »ethnic communities«, verkehren nur unter sich und haben keinerlei Kontakte zur deutschen Mehrheitsbevölkerung. Stimmt das? Im Vorfeld dieser spannenden Streitfrage ist allerdings die Klassen- oder Schichtenstruktur der deutschen Gesellschaft zu analysieren, denn Parallelgesellschaften sind in diese vorhandene Gesellschaftsstruktur eingebettet. Sie sind – so die These – nicht ex nihilo, aus dem Nichts als autonomer Teil dieser Struktur entstanden, sondern sie sind das Ergebnis der Entwicklung zu einer zwar demokratischen, aber dennoch kapitalistischen Klassengesellschaft.

Klasse vor Ethnie: Auf dem Weg in die Neue Klassengesellschaft

Die Annäherung an das Thema und den Begriff »Parallelgesellschaft« erfolgt nicht über die übliche ethnische Schiene »von unten«, sondern aus der Vogelperspektive »von oben«, der Klassengesellschaft, die zwar politisch geleugnet wird, aber sich soziologisch-empirisch nachweisen lässt, wenn auch nicht sofort erkennbar. Das politische Hinterfragen des Begriffes »Parallelgesellschaft« führt zum Kernthema der Soziologie, der Analyse der Sozialstruktur als der »Gesamtheit der relativ dauerhaften Grundlagen und Wirkungszusammenhänge der sozialen Beziehungen und der sozialen Gebilde (Gruppen, Institutionen und Organisationen) in einer Gesellschaft« (Schäfers 1986: 283), d.h. » im Zentrum der Darstellung steht die Entwicklung der Strukturen sozialer Ungleichheit, insbesondere zwischen verschiedenen Schichten und zwischen Männern und Frauen, mit einem Schwerpunkt beim Wandel des Schichtgefüges« (Geißler 2005: 19).

Kulturalisierung und Ethnisierung sozialer Problemlagen

In den letzten Jahren werden die sozialen Probleme meistens entweder ethnisiert oder kulturalisiert. Soziale Unterschiede, die zweifellos vorhanden sind, werden als ethnische und kulturelle Differenzierungsprozesse wahrgenommen, gedeutet, interpretiert und in neue Begriffsschemata gepresst. Ausgangspunkt der soziologischen Analyse ist die These: Klasse geht vor Ethnie, *und* es existieren primär soziale Parallelgesellschaften in der deutschen Gesellschaft

Die entscheidenden gesellschaftlichen Barrieren zwischen den Menschen liegen nicht in ihren möglichen ethnischen und/oder kulturellen Unterschieden. Vielmehr sind es zahlreiche sozioökonomische Differenzen, die die Menschen in der deutschen Gesellschaft trennen. Entscheidend für die soziale Chance und die gesellschaftspolitischen Teilhabe des Einzelnen ist zunächst seine sozioökonomische Stellung in der Gesellschaft. Alle theoretisierenden Formen der Kulturalisierung und der Ethnisierung verschleiern die realen Klassenverhältnisse. Der Soziologe und Ethnologe Michael Schönhuth hat in seinem *Vademecum durch den Kulturdschungel* die beiden Begriffe klar definiert:

> »Kulturalisierung bedeutet die Instrumentalisierung des Bezugsrahmens ›Kultur‹ bzw. ›kultureller Argumente‹ für die Durchsetzung eigener Interessen bzw. im Dienste einer kulturellen Identitätspolitik.
>
> Ethnisierung ... besteht in einer Reduktion von Unterschieden zwischen Kategorien oder Gruppen von Menschen auf ethnische oder kulturelle Unterschiede.« (Schönhuth 2005: 62 und 117)

Die Etikettierung sozialer Prozesse als Kulturalisierung und Ethnisierung lenken von dem eigentlichen Thema ab, nämlich der Existenz einer Klassengesellschaft. Gerade die Politische Klasse hat kein Interesse, eine Diskussion über den Kapitalismus und dessen Auswirkungen auf die Klassengesellschaft aufkommen zu lassen. Die Heuschrecken von Herrn Müntefering sind wieder weggeflogen.

Nach dem Untergang des Dritten Reiches (1945) und dem Wiederaufbau der Bundesrepublik Deutschland war partiell ein »soziologisches Vakuum« in der Gesellschaft entstanden. Alte Nationalsozialisten hatten wenige oder gar keine Chancen, dagegen konnten engagierte Menschen in Wirtschaft und Politik sich durch Eigeninitiative, über Parteien und Gewerkschaften hocharbeiten und sozial aufsteigen. Soziale Aufsteiger wurden in die bürgerliche Mittelschicht aufgenommen. Die soziale

Herkunft der Mitglieder der rot-grünen Bundesregierung (1998-2005) ist ein typisches Beispiel, denn sie kommen überwiegend aus sog. »kleinen Verhältnissen« und haben sich in der demokratischen Gesellschaft empor gearbeitet.

Doch in den letzten Jahren ist es wieder schwieriger geworden, diese sozialen Schranken durch eigene soziale Aufstiegsmobilität zu überwinden, denn anscheinend lässt sich nicht mehr der wirtschaftlichen Zuwachs umverteilen, sondern nur das Bestehende ist Teil des Verteilungskampfes in einer Gesellschaft, deren Klassenunterschiede noch immer verschleiert werden. Trotz begrenzter Wohlstandserfolge für Alle leben wir zwar in einer demokratischen, aber dennoch existenten Klassengesellschaft. Es geht um

a) neue soziale Differenzierungsprozesse der Vergesellschaftung und der Individualisierung,
b) anhaltende soziale Spaltungen in Arm und Reich und
c) schwer überwindbare Bildungsschranken in dem Drei-Klassen-Schulsystem.

Diese sozialen Prozesse führen zu der Existenz von sozialen, und nicht nur von sog. ethnischen Parallelgesellschaften.

Soziale Differenzierungsprozesse durch Vergesellschaftung

Bei einem Vergleich der heutigen Industrie- und Dienstleistungsgesellschaft mit der feudalen Agrargesellschaft lässt sich der sozialhistorische Wandel mit den Begriffen »Vergesellschaftung«, »Institutionalisierung« und »Individualisierung« analysieren und erklären. Beginnend mit der Renaissance (ab dem 16. Jahrhundert) und dann vor allem seit der Französischen Revolution (ab dem 19. Jahrhundert) haben sich die Form der Vergesellschaftung des Individuums bei zunehmender gesellschaftliche Komplexität grundlegend verändert: Die Individuen in einer modernen Industriegesellschaft sind in eine Vielzahl privater und institutioneller sozialer Beziehungen eingebunden. Dieses heutige Verhältnis von Individuum und Gesellschaft hat sich in einem teilweise dramatischen sozialen Wandel der letzten hundertfünfzig Jahre herausgebildet: Die dynamischen Prozesse der Industrialisierung und Urbanisierung, das bedrohliche Aufkommen der Sozialen Frage, die demokratische Entwicklung des Sozial- und Rechtsstaats und der augenblickliche Prozess der Globalisierung auf dem Wege zur Weltgesellschaft (Niklas Luhmann).

Der Prozess der Vergesellschaftung beruht auf dem Prinzip der Wechselwirkung, das der Soziologe Georg Simmel (1858-1918) als ein universales Phänomen bezeichnet:

> »... als regulatives Weltprinzip müssen wir annehmen, daß *Alles mit Allem in irgendeiner Wechselwirkung steht*, daß zwischen jedem Punkte der Welt und jedem anderen Kräfte und hin- und hergehende Beziehungen bestehen...« (Simmel 1989: 130)

Und diese Wechselwirkungen können nicht nur zwischen Personen, sondern auch zwischen Gruppen bestehen, um die Gesellschaft zu bilden:

> »... darum brauchen es auch nicht nur menschliche Personen zu sein, deren Wechselwirkung die Gesellschaft konstituiert, sondern es können auch ganze Gruppen sein, die mit anderen zusammen wieder eine Gesellschaft ergeben.« (Simmel 1989: 131)

Simmel nennt diese sozialen Prozesse die Kreuzung sozialer Kreise und spricht bereits von Netzwerken. Diese Vergesellschaftung entfaltet sich in der dialektischen Wechselseitigkeit des Doppelprozesses von Institutionalisierung und Individualisierung.

Institutionalisierungsprozess

Als »Institution« bezeichnen wir eine gesellschaftliche Einrichtung, die auf Dauer angelegt ist. Institutionen können einerseits soziales Handeln ermöglichen und andererseits auch einschränken. Sie stabilisieren zugleich auch das Handeln von Menschen und damit insgesamt die gesellschaftlichen Strukturen. Solche Institutionen sind auf der Makroebene beispielsweise das Bildungs-, das Wirtschafts- und das politische System, aber auch das soziale Sicherungssystem usw. Auf der Mikroebene sind es die Familien, die Grundschule, der Kindergarten des Wohlfahrtsverbandes, der regionale Verkehrsverbund oder die kommunle Verwaltung der Stadt. Den permanenten sozialhistorischen Prozess, für auftretende gesellschaftliche Probleme und deren notwendiger Lösungen neue soziale Institutionen zu schaffen oder sie in ihrem Aufbau zu verändern, bezeichnen wir als »Institutionalisierung«.

Dieser Institutionalisierungsprozess lässt sich am Beispiel der Entwicklung des Sozialversicherungssystems gut veranschaulichen. Seit dem Ende des 19. Jahrhunderts wurden nach und nach die »fünf Säulen des sozialen Sicherungssystems« als wichtige soziale Institutionen geschaffen, mit deren Hilfe die individuellen sozialen Risiken durch kollektive Fonds gesellschaftlich getragen werden sollen (vgl. u.a. Bellermann 1995):

Die Krankenversicherung (1883), die Unfallversicherung (1884), die Alters- und Invalidenversicherung für Arbeiter (1889) und Rentenversicherung für Angestellte (1911), die Arbeitslosenversicherung (1927) und als letztes die Pflegeversicherung (1995). Dieses Sozialversicherungssystem gliedert sich in eine Vielzahl von Behörden und Ämtern.

Hinzu kommen noch die Gesetze und Einrichtungen der Sozialen Arbeit wie u.a. Sozialämter (Bundessozialhilfegesetz seit 1962), Jugendämter (Kinder- und Jugendhilfegesetz seit 1991, früher das Jugendwohlfahrtsgesetz), Wohngeldämter (Wohngeldgesetz seit 1965), Kindergeldkassen (Kindergeldgesetz seit 1964), Versorgungsämter (Bundesversorgungsgesetz seit 1950), Gesundheitsämter.
Alle diese Ämter halten ein breites Angebot von Hilfen und Unterstützungen vor.

Wir alle leben in und mit einer Vielzahl von sozialen Institutionen, die unser Leben stabilisieren, aber auch reglementieren. Erst dieser Institutionalisierungsprozess ermöglicht als Korrelat den Entwicklungsprozess der Individualisierung.

Individualisierungsprozess

Die Individualisierung hängt eng mit der Entfaltung der Institutionen der bürgerlich-kapitalistischen Gesellschaft und den damit verbundenen Rechtsgrundlagen zusammen.

> »Individualisierung war der Prozeß, durch den sich das bürgerliche Subjekt herausbildete, und dieser Prozeß beruhte entscheidend auf Kapitalbesitz und dessen Vermehrung. Der Freisetzungsprozeß, der zu jener Individualisierungswelle geführt hat, die seit den 50er Jahren durch alle gesellschaftlichen Schichten geht, hat eine wohlfahrtsstaatliche Absicherung und einen Lebensstandard zur Voraussetzung, der den Entfaltungsspielraum des Einzelnen vergrößert und zugleich die Notwendigkeit der Solidargemeinschaft aus der existentiellen Not heraus abgebaut hat. ... Eingebettet in und abgepuffert durch die Ressourcen der spätkapitalistischen Wohlfahrtsstaaten hat die Dynamik von Arbeitsmarktprozessen zu einem tiefgreifenden Individualisierungsschub geführt ...« (Keupp 1987: 37)

Dieser Individualisierungsprozess hat in den (west)europäischen Ländern nach dem Zweiten Weltkrieg zu einer größeren persönlichen Gestaltungsfreiheit der meisten Menschen geführt. Individualität oder persönliche Selbstverwirklichung werden zum zentralen Lebensstil in der zweiten Hälfte des 20. Jahrhunderts. Wenn der Prozess der Individualisierung fortschreitet, d.h. der Grad der individuellen Selbstbestimmung privat, aber auch im öffentlichen Raum »geduldet« wird, dann führt diese zu einer immensen innergesellschaftlichen Differenzierung, der in eine pluralistische Sozialordnung von Parallelgesellschaften mündet, in dem jeder »nach seiner Fasson selig wird«, wie schon Friedrich der Große (1740-1786) gesagt haben soll.

Milieu

Da die alten Klassenschranken und Schichtenabgrenzungen diffuser und die individualistischen und gruppenspezifischen Lebensstile klassenübergreifend geworden sind, versucht die Soziologie neue Erklärungsmuster für diese Binnendifferenzierungen zu finden. Ein derartiger Ansatz sind die Milieustudien (vgl. Geißler 2005: 106ff). Hier wird nicht nach der objektiven Wohlfahrt, d.h. dem Zugang zu materiellen Ressourcen, oder nach der subjektiven Wohlfahrt, d.h. nach der Lebenszufriedenheit, gefragt, Ausgangspunkt der sozialstrukturellen Analyse sind vielmehr die Weltorientierungen und Lebensstile der Bevölkerung, also das Bewusstsein und die Lebensweise in Bezug auf Arbeit, Freizeit und Konsum, auf Familie und Partnerschaft, politische Grundüberzeugungen und Lebensstil.

Nach diesen Studien des *SINUS*-Instituts in den neunziger Jahren gibt es verschiedene soziale Milieus mit ihren jeweiligen prozentualen Anteilen in den beiden Teilen Deutschlands:

Westdeutschland

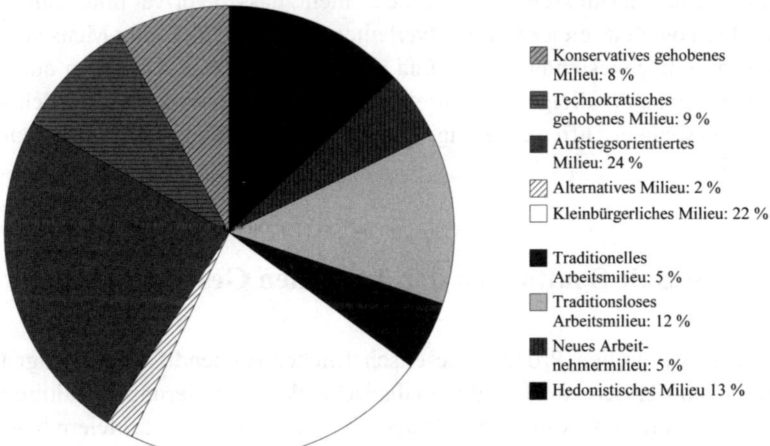

Ostdeutschland

Aufgrund der historisch-politischen Sozialisationsprozesse in der ehemaligen DDR ergibt sich für Ostdeutschland ein anderes Milieubild:

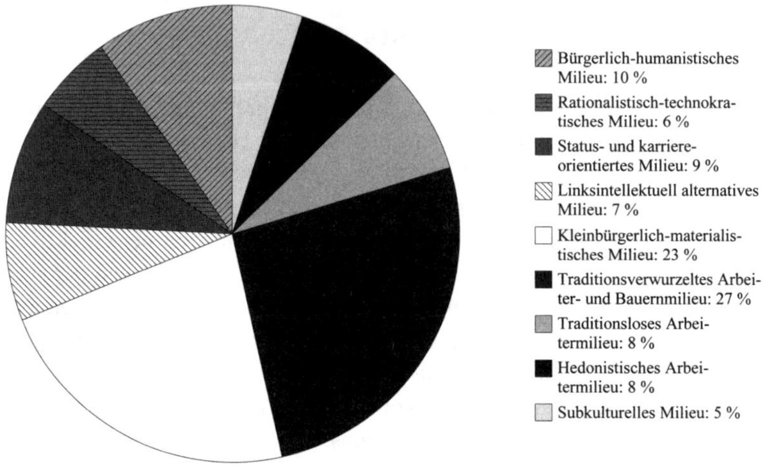

Nach dem binnensozioökonomischen Differenzierungsprozess kann diese Milieufindung ein weiteres Moment in der Formung sozialer Parallelgesellschaften bilden. Die Menschen in diesen Milieus mögen sich zwar teilweise in ihren beruflichen Netzwerken am Arbeitsplatz begegnen und sogar zusammenarbeiten (müssen), aber das heißt nicht, dass sie privat miteinander verkehren oder das gleiche Freizeitverhalten zeigen. Da sich aber Menschen auch mit Gleichgesinnten treffen und austauschen wollen, entstehen quasi zwangsläufig »Parallelgesellschaften« vielfältiger Art, und zwar zunächst aufgrund sozialer Differenzierung. Ethnische Unterschiede sind hierbei nur sekundär.

Soziale Spaltungen der deutschen Gesellschaft

Die soziokulturellen Prozesse gesellschaftlicher Binnendifferenzierungen werden konservierend als individualistische Wertorientierungen kulturell wahrgenommen und konservativ festgeschrieben. Jedoch verschleiern bzw. leugnen sie die vorhandenen sozioökonomischen Unterschiede, die bewusst im Rahmen einer Klassenanalyse als soziale Spaltungen in der Gesellschaftspyramide der BRD als »oben« und »unten« analysiert werden. Wichtigstes Differenzierungskriterium ist das Kontinuum von Reichtum zu Armut.

Reichtum versus Armut

Üblicherweise wird in der wissenschaftlichen und politischen Diskussion und in der veröffentlichten Meinungsbildung nur die »Armut« oder der »Missbrauch der Sozialleistungen« thematisiert und gegeißelt. Falls jedoch eine Debatte über soziale Gerechtigkeit ansatzweise in Bezug auf »Reichtum« geführt wird, dann ist – wie im letzten Bundestagswahlkampf 2005 technokratisch oder polemisch je nach politischem Standpunkt – von der »Erhöhung des Spitzensatzes der Einkommenssteuer«, der »Reichensteuer« oder der »Neidsteuer« die Rede. Aus diesem Grunde wird hier bewusst »umgekehrt« verfahren, indem die Frage nach dem gesellschaftlichen Reichtum und seiner Verteilung in der Bundesrepublik Deutschland gestellt wird. Es gibt auch einen »Missbrauch des Reichtums« in Form von Steuerflucht und Steuerhinterziehung, überzogenen Gehältern, Versorgungsansprüchen und Vermögenskonzentrationen in den Händen weniger Personen, Familien oder Haushalten.

Die sozialen Gegensätze zwischen den »Reichen« und den »Armen« sind eine soziale Realität. Die Schere zwischen denen da »oben« und denen da »unten« ist in den letzten Jahren größer geworden, wie der letzte Reichtums- und Armutsbericht der Bundesregierung (vgl. Lebenslagen 2005) es wieder deutlich aufzeigt.

Wissenschaft und Werturteile

Die Begriffe Reichtum und Armut lassen sich nicht »objektiv« wissenschaftlich begründen, denn letztlich beruhen sie – wie die Frage nach der sozialen Gerechtigkeit – auf normativen Wertvorstellungen. Im Gegensatz zur absoluten Armutsdefinition von einem US-Dollar pro Tag durch die Weltbank kann in der deutschen Wohlstandsgesellschaft auf einer Skala nur von der relativen Armut an einem Ende und dem relativen Reichtum am anderen Ende gesprochen werden. In Anlehnung an die Praxis der Europäischen Union wird relative Armut definiert, wenn ein Haushalt unter 50 % des jeweiligen Landesdurchschnitts liegt. Manche legen die Grenze auch schon bei unter 60 % fest. Im Umkehrschluss zur Armut wird relativer

Reichtum definiert, wenn der Haushalt mit seinem Einkommen über 200 % des Durchschnitts liegt.

Reichtum

Während die Masseneinkommen der Mehrheit der Bevölkerung in den letzten Jahren gesunken sind oder zumindest stagnieren, steigen weiterhin die Gewinne der meisten Firmen, die Bezüge der Manager und die Dividenden der Aktionäre.

Der zweite Armuts- und Reichtumsbericht der Bundesregierung von 2005 – *Lebenslagen in Deutschland* – muss an einer Stelle aufgrund technokratischer Indikatoren eingestehen, dass selbst unter einer rot-grünen Bundesregierung die Reichen reicher und die Armen ärmer geworden sind:

Laut Einkommenssteuerstatistik des Statistischen Bundesamtes für das Jahr 2001 (vgl. SZ vom 29. Juni 2005) gibt es 36.430 Steuerzahler mit jährlichen Einkünften von mehr als einer halben Million Euro. Diese 0,1 Prozent der Steuerpflichtigen zahlen 176,7 Milliarden Euro Einkommenssteuer, das sind 11,2 Prozent des Gesamtaufkommens. Die 12.400 Euro-Millionäre haben ein Durchschnittseinkommen von 2,7 Millionen Euro und mussten im Durchschnitt 1,1 Euro Millionen Einkommenssteuer zahlen. Der Bericht der Bundesregierung belegt den Trend in der Einkommensverteilung in Deutschland (vgl. Lebenslagen 2005):

> »Festzustellen ist ein Trend zunehmender Streuung der Bruttoeinkommen, also zunehmender Ungleichheit, die vor allem auf die Zunahme der Teilzeitbeschäftigung geringen Umfangs, insbesondere bei Frauen, zurückgeführt werden kann.« (S 17).

> »Das reichste 1 % der Verteilung der Nettoäquivalenzeinkommen verfügte 1992 und 1995 über 8,4 % aller Einkommen. 1998 betrug der Anteil rund 10 %.« (S. 28)

Die Verfügbarkeit über Einkommen ist die entscheidende Quelle für den Lebensstandard und die Lebensqualität.

Vermögensverteilung

Der Bericht der Bundesregierung beginnt in der Zusammenfassung zur Vermögensverteilung mit dem lapidaren, aber sehr richtigen Satz: »Deutschland ist ein reiches Land«, denn die privaten Haushalte verfügen über hohe Vermögen[6], insgesamt 5.000 Milliarden Euro, d.h. im Durchschnitt hat

---

6 Als Privatvermögen zählt hier das Geldvermögen und die Verkehrswerte von Immobilien. Daneben gibt es noch das Betriebsvermögen als Eigentum am Pro-

jeder deutsche Haushalt rund 133.000 Euro. Von 1998 bis 2003 stieg das Nettovermögen nominal um rund 17 %. Aber der Pferdefuß besteht in der ungleichen Verteilung, wie die Bundesregierung selbst feststellt:

> »Die Privatvermögen in Deutschland sind allerdings sehr ungleichmäßig verteilt. Die unteren 50 % der Haushalte verfügen über etwas weniger als 4 % des gesamten Nettovermögens, während die vermögensstarken 20 % der Haushalte rund zwei Drittel des gesamten Nettovermögens auf sich vereinen. Auf das oberste Zehntel entfallen allein knapp 47 % des gesamten Nettovermögens. *Dieser Anteil des obersten Zehntels ist gegenüber 1998 um gut zwei Prozentpunkte gestiegen* (kursiv JN).« Die Vermögensverteilung in Ostdeutschland ist nach wie vor noch etwas ungleichmäßiger als in Westdeutschland. Allerdings habe sich die Unterschiede im Zeitverlauf deutlich verringet. Während die ostdeutsche Vermögensverteilung tendenziell gleichmäßiger geworden ist, ist *für die westdeutsche Verteilung eine Tendenz zu einer stärkeren Ungleichverteilung festzustellen* (kursiv JN) (Lebenslage 2005: 35f).«

Die jährliche Veröffentlichung der Zeitschrift *manager magazin* (11/2005) stellt jeweils eine Rangsliste der dreihundert reichsten Deutschen auf. An der Spitze stehen die Brüder Karl und Theo Albrecht (ALDI), deren ein Vermögen auf 15,2 bzw. 15,1 Milliarden Euro geschätzt werden.

Während die Reichen also vergleichsweise reicher geworden sind, so hat umgekehrt – was nicht unbedingt zwangsläufig sein muss – das Armutsrisiko zugenommen.

Armut und Überschuldung

Diesem Vermögensreichtum steht auf der anderen Seite eine zunehmende Überschuldung[7] und das Armutsrisiko der privaten Haushalte gegenüber. Hierzu gibt es relativ gesicherte Statistiken:

- Zwischen den Jahren 1999 und 2002 hat sich die Zahl der überschuldeten privaten Haushalte von 2,77 auf 3,13, Millionen erhöht, das sind rund 8 % aller Haushalte (Lebenslagen 2005: 49f).
- Das Armutsrisiko hat von 1998 bis 2003 von 12,1 % auf 13,5 % leicht zugenommen. Die Armutslücke als Anteil, der wirklich unter der an-

---

duktivkapital über Aktien und Fondsanteile, das Gebrauchsvermögen als Wert langlebiger Konsumgüter, das Humanvermögen als Bildungs- und Ausbildungsstand und das Sozialvermögen als Anspruch an System der sozialen Sicherung.

7 Definition der Überschuldung: »Ein Privathaushalt ist dann überschuldet, wenn Einkommen und Vermögen über einen längeren Zeitraum trotz Reduzierung des Lebensstandards nicht ausreichen, um fällige Forderungen zu begleichen.« (Lebenslage 2005: 49)

genommen 60 % Armutslinie liegt, ist von 15,5 % (1998) auf 16,0 % (2003) gestiegen.

- Laut Einkommenssteuerstatistik (vgl. SZ vom 29. Juni 2005) hatten 21,4 % der Steuerpflichtigen oder rund 6,2 Millionen Bürger Gesamteinkünfte von höchstens 10.000 Euro im Jahr.

Armut und Migranten

Die bisherigen Durchschnittszahlen sind weiter nach dem Kriterium mit und ohne Ausländeranteil zu differenzieren. So ergibt sich für die Armutslücke von 15,4 % aller Einwohner folgendes Bild[8]: Bei der Bevölkerung ohne Migranten beträgt die Armutsrisikoquote »nur« 12,4 %, dagegen steigt sie bei den Migranten allein auf 24,0 %.

Armutsmerkmale: Sozialhilfe und Wohngeld

Die Zunahme der Armut in den letzten Jahrzehnten lässt sich auch mittelbar aus den Indikatoren für die Inanspruchnahme der Sozialhilfe und des Wohngeldes ablesen. Das Sozialhilfegesetz wurde 1962 im Bundestag verabschiedet, und zwar als Absicherung, wenn andere Sicherungssysteme wie Arbeitslosengeld oder Invalidenrente nicht greifen. In Zeiten von Hochkonjunktur und Vollbeschäftigung dachte man nicht mehr an langanhaltende Wirtschaftskrisen, die Millionen Menschen zwingen, von der Sozialhilfe zu leben. Nach Angaben des Statistischen Bundesamtes ist in den vierzig Jahren von 1963 bis 2003 die Zahl der Sozialhilfeempfänger von 0,58 Millionen im Jahre 1963 auf inzwischen 2,81 Millionen im Jahre 2003 gestiegen. Die Zahl der Sozialhilfeempfänger hat sich also fast versechsfacht, oder anders gesprochen: der Anteil der Hilfebezieher an der jeweiligen Bevölkerung stieg von 1,0 % auf 3,4 %

Ähnliches zeigt auch der Indikator Wohngeld. Viele Menschen verfügen nicht mehr über genügend eigenes Einkommen, um ihre Miete bezahlen können. Laut des Statistischen Bundesamtes erhielten Ende 2003 rund 3,4, Millionen Haushalte Wohngeld.

---

8 Wegen des Rückgriffs auf unterschiedliche empirische Erhebungen können die Zahlen voneinander abweichen.

Von den Wohngeldbeziehern waren:

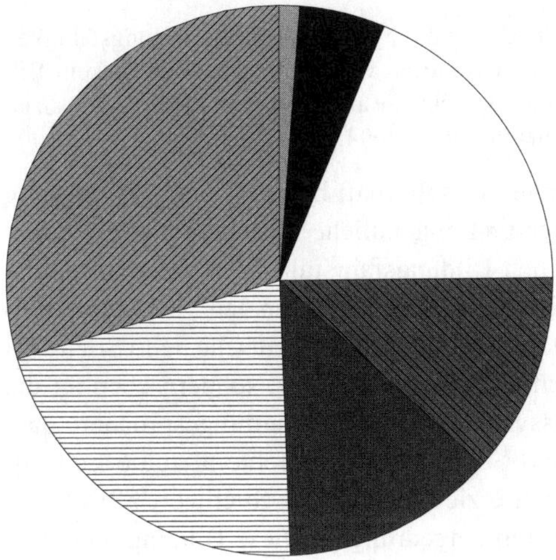

Kinder- und Altersarmut

Besonders gravierend ist die Tatsache, dass die Armut insbesondere Kinder und alte Menschen betrifft: Von 1.000 Einwohnern, die jünger als 18 Jahre sind, waren 1982 nur 26 arm, aber mit anhaltender Wirtschaftskrise und Arbeitslosigkeit stieg die Zahl kontinuierlich auf 53 im Jahre 1990 zum Höhepunkt von 68 im Jahre 1998 und Ende 2002 liegt sie bei 67. Das heißt: 6,7 % aller Kinder und Jugendlichen in Deutschland leben in Armut. Diese geringe Lebensqualität hat große Konsequenzen für die Lebenschancen dieser jungen Menschen.

Bei den alten Menschen von über fünfzig Jahren pendelt die Armut zwischen 14 (1982) und 17 (2002) Personen bezogen auf 1.000 Einwohner.

Fazit: Es kann kein Zweifel darüber bestehen, dass die deutsche Gesellschaft aus Vermögenden und Habenichtsen besteht, allerdings mit einer breiten Mittelschicht zwischen oben und unten, so dass vergleichsweise zu fast allen anderen Ländern der Welt – außer Dänemark und Schweden – die Ungleichheit relativ gering ist. Da aber zum Lebensstandard auch die Frage nach den persönlichen Verwirklichungschancen gehört, müssen auch die Fragen nach dem Zugang zu anderen Lebensbedingungen gestellt werden. Und in unserer heutigen Industrie- und Dienstleistungsgesellschaft ist dies insbesondere das Bildungssystem als Chance sozialer Mobilität.

> »Wenn wir den sozialen Frieden und die wirtschaftliche Leistungsfähigkeit auf Dauer erhalten wollen, dann dürfen wir uns in Deutschland kein Bildungsproletariat leisten, keine Schicht, die aus Mangel an Bildung den sozialen Anschluss verliert.« Johannes Rau (2004: 159)

Der Anspruch der demokratischen Gesellschaft besteht in der Behauptung aller Parteien, dass alle Kinder und Jugendliche eine potentielle Chance haben sollten, mit dem deutschen Bildungsfahrstuhl nach oben zu fahren. Spätestens seit den Veröffentlichungen der internationalen Vergleichsstudien PISA[9] und IGLU[10] denkt auch der Durchschnittsdeutsche beim Stichwort »PISA« nicht nur an den »Schiefen Turm zu Pisa«, sondern eben an die Misere im deutschen Bildungssystem. Es hat sich herumgesprochen, dass die deutschen Schülerinnen und Schüler eher schlechte als gute Leistungen im internationalen Vergleich erzielt haben. Das Stichwort »PISA« ist tief in das öffentliche Bewusstsein eingedrungen. Diese Bildungsstudie ist inzwischen weiten Teilen der politisch (noch) interessierten Bevölkerung im Großen und Ganzen bekannt. An dieser Stelle sollen noch einmal die wichtigsten Erkenntnisse zusammengefasst werden. Jetzt wissen wir, dass klassenbedingte Bildungsschranken die soziale Aufstiegsmobilität der sozialen Unterschichten – ob deutscher oder anderer ethnischer Herkunft – sehr begrenzen.

Lebenslüge »Chancengleichheit«

»Chancengleichheit« ist eine der vielen politischen Lebenslügen[11] der Politischen Klasse. Sie ist nach »Vollbeschäftigung« die schwerwiegendste Lebenslüge in unserer bundesdeutschen Gesellschaft. Und für die Zukunft unserer Gesellschaft, die heranwachsenden Kinder und Jugendlichen, ist diese politische Lebenslüge fatal, denn von der Bildungspolitik hängen ihre Zukunft, ihr sozialer Status und ihre weiteren Lebenschancen ab. Diese Lebenslüge lässt sich an sozialen Indikatoren klar belegen:

---

9 PISA=Programme for International Student Assessment

10 IGLU=Internationale-Grundschul-Leseuntersuchung

11 Andere Lebenslügen wie die Leugnung der Existenz einer multikulturellen Gesellschaft oder das Versprechen auf Vollbeschäftigung werden im dritten bzw. sechsten Kapitel thematisiert.

Internationaler Vergleich: Deutschland unter dem Durchschnitt

PISA ist eine international standardisierte Leistungsmessung von 15-jährigen Schülerinnen und Schülern in 32 Staaten in den drei Bereichen Lesekompetenz, mathematische Grundbildung und naturwissenschaftliche Grundbildung. Deutschland liegt in allen drei Testbereichen jeweils unter dem Durchschnitt auf den hinteren Mittelplätzen, und zwar wie folgt:

- Lesekompetenz mit 484 Punkten auf Platz 21,
- mathematische Grundbildung mit 490 Punkten auf Platz 20 und
- naturwissenschaftliche Grundbildung mit 487 Punkten auf Platz 20.

An der Spitze auf den ersten drei Plätzen liegen die fünf Länder: Korea (dreimal), Finnland (zweimal), Japan (zweimal), Kanada (einmal) und Neuseeland (einmal). Der hintere Mittelplatz der Bundesrepublik Deutschland beruht nicht darauf, dass alle Schüler/innen im Durchschnitt eher schlecht als gut sind; vielmehr liegt es an der großen Bandbreite zwischen sehr guten und sehr schlechten Schüler/innen. Natürlich können auch viele deutsche Schulkinder gut lesen, rechnen und naturwissenschaftlich denken. Aber allzu viele schlechte Ergebnisse drücken den Durchschnitt nach unten. Auch im internationalen Vergleich zeigt sich die Ineffektivität des deutschen Schulsystems, denn offensichtlich fördern andere Länder diese Kinder besser, wie die Beauftragte der Bundesregierung für Ausländerfragen in ihrem Bericht 2002 feststellt:

> »15-jährige Schüler, die aus Familien stammen, in denen serbisch, kroatisch oder bosnisch bzw. türkisch oder kurdisch gesprochen wird, verfügen über geringere Lesekompetenzen als die Vergleichsgruppen in Norwegen, Österreich, Schweden und der Schweiz. Auffällig sind die günstigeren Ergebnisse vor allem in Schweden und Norwegen, ... In beiden Ländern gibt es u.a. ein differenziertes muttersprachliches Unterrichtsangebot.« (S. 183)

Wiederum lohnt es, einen Blick in die erfolgreichen Nachbarländer des Nordens zu werden, denn sie sind im Bildungssystem nicht nur für ihre Inländer, sondern für die Ausländer erfolgreicher als Deutschland.

Ursachen der Bildungsmisere

Die PISA-Studie verweist mit Recht auf den Zusammenhang von sozialer Herkunft aus dem Elternhaus und den zu erwerbenden Kompetenzen innerhalb von Bildungsgängen:

> »Ein zentraler Befund der ... Analysen besagt, dass der Zusammenhang zwischen Sozialschichtzugehörigkeit und erworbenen Kompetenzen am Ende der Sekundarstufe I im Wesentlichen über die Schulformen bzw. Bildungs-

gänge der Sekundarstufe vermittelt wird. Bei der Übergangsentscheidung am Ende der Grundschulzeit greifen primäre soziale Disparitäten, die im unterschiedlichen Leistungsstand von Kindern aus Familien unterschiedlicher Sozialschichten zum Ausdruck kommen und sich während der Grundschulzeit entwickelt haben oder schon vorher bestanden haben, und sekundäre soziale Disparitäten, die durch unterschiedlichen sozialschicht-bedingte Überganskalküle zu Stande kommen, wechselseitig verstärkend ineinander. Bildungsaspirationen beeinflussen Schulleistungen und umgekehrt.« (PISA 2000: 370)

Oder einfacher formuliert: Die soziale Herkunft kann aufgrund der Selektion in der Grundschule zu einer mangelhaften Bildungsförderung führen, d.h. die leistungsorientierten Schüler werden auf das Gymnasium geschickt, während die anderen auf der Haupt- oder Realschule zurückbleiben. Dieser Befund betrifft sowohl deutsche als auch ausländische Kinder.

Indikator Klassenschule

Das deutsche Bildungssystem selektiert die Kinder bereits ab dem zehnten, seltener ab dem zwölften Lebensjahr des dreigliedrigen Schulsystems. Die deutsche Schule ist noch immer eine vordemokratische »Klassenschule« aus dem Kaiserreich. Der mögliche Bildungsabschluss hängt weitgehend von der sozialen Herkunft der Eltern ab. Hier einige konkreten Zahlen des Statistischen Bundesamtes für diese traurigen, aber wahren Erkenntnisse. Je höher der soziale Status der Eltern ist, desto größer die Chance, dass das Kind ein Gymnasium besucht.

Die besten Bildungschancen – mit 84 % Wahrscheinlichkeit – hat ein Kind, das aus einer Familie kommt, in der Vater und Mutter Beamte sind. Die geringsten Chancen hat ein Arbeiterkind mit nur 20 % Aufstiegschancen. Das deutsche Bildungssystem ist ein hervorragendes Spiegelbild für die Klassengesellschaft. (Vgl. nachstehende Tabelle)

PISA: Migranten oder Unterschicht?

Die bildungspolitischen Katastrophenbilder aus den beiden letzten PISA-Studien werden oft einseitig / eindimensional dem schlechten Bildungsstand der Ausländer- oder Migrantenkinder angelastet. Hier gilt die anfangs formulierte These: Klasse vor Ethnie. Erst kommt die soziale Dimension, dann die ethnische Benachteiligung.

Eltern und Schule		
Von je 100 Jugendlichen im Alter von 17 und 18 Jahren, deren Eltern diese berufliche Stellung haben, besuchen ein Gymnasium		
Vater	**Mutter**	**Anzahl**
Arbeiter	Arbeiterin	20
Angestellte	Arbeiterin	31
Arbeiter	Angestellte	33
Selbstständiger	Selbstständige	40
Selbstständiger	Angestellte	49
Angestellter	Angestellte	51
Angestellter	Selbstständige	53
Beamter	Angestellte	57
Angestellter	Beamtin	71
Selbstständiger	Beamtin	75
Beamter	Beamtin	84
		Quelle: Statistisches Bundesamt

Mangel an deutschen Sprachkenntnissen

Bei den Jugendlichen aus Zuwandererfamilien kommt allerdings als verstärkender Faktor das Nicht-Beherrschen der deutschen Sprache auf einem angemessenen Niveau hinzu. Das Ergebnis der PISA-Studie ist erschreckend, wenn es heißt:

> »Fast 50 Prozent der Jugendlichen aus Zuwandererfamilien überschreiten im Lesen nicht die elementare Kompetenzstufe I, obwohl über 50 Prozent von ihnen die deutsche Schule vollständig durchlaufen haben. Nach Befunden scheinen sich sprachliche Defizite kumulativ in Sachfächern auszuwirken, sodass Personen mit unzureichendem Leseverständnis in allen akademischen Bereichen in ihrem Kompetenzerwerb beeinträchtigt sind.« (PISA 2000: 379)

In der multiethnisch geprägten Stadt Berlin wurde ein Sprachstandtest »Bärenstark« entwickelt, um das Sprachvermögen der Schüler/innen an den Grundschulen zu messen. Bei der Sprachstandserhebung mit allen für das Schuljahr 2003/04 an den Grundschulen angemeldeten Lernanfängern (26.720 Schüler/innen) von Berlin gab es folgende alarmierende Ergebnisse, die man nur als Bildungskatastrophe bezeichnen kann (vgl. Eickhoff/ Niemann 2004: 62f):

- 20,8 % der Kinder deutscher Herkunftssprache haben einen Förderbedarf und 7,7 % sogar einen intensiven Förderbedarf oder positiv formuliert: 71,5 % haben keinen deutschsprachigen Förderbedarf.
- Dagegen haben 36,5 % aller Kinder nichtdeutscher Herkunftssprache einen Förderbedarf und 43,7 % sogar einen intensiven Förderbedarf oder anders formuliert: Nur 19,8 % dieser Kinder haben keinen deutschsprachigen Förderbedarf.

Schlussfolgernd lässt sich also festhalten, dass hier ein kleines und ein großes ethnisches Bildungsproletariat herangewachsen ist.

Schulabschlüsse im Vergleich deutscher und ausländischer Schüler

Im Schuljahr 2003/2004 besuchten knapp zwölf Millionen Schülerinnen und Schüler die allgemeinbildenden und beruflichen Schulen in Deutschland, davon waren insgesamt 1,16 Millionen (9,3 %) nichtdeutscher Staatsangehörigkeit. Die Unterschiede zwischen deutschen und nichtdeutschen Schülern wird in der nachstehenden Tabelle deutlich.

Allgemeinbildende Schulen nach Schulart der Sekundarstufe I 2002/03

	Hauptschule	**Realschule**	**Gymnasium**	**Gesamtschule**	**Sonstiges**[1]
Ausländer/innen	43,6	18,9	13,9	12,8	10,6
Deutsche	18,6	24,4	32,3	8,4	16,2

Quelle: Statistisches Bundesamt, Fachserie, Reihe 1, zitiert nach Migrationsbericht 2005: 36

Während die Verteilung der spanischen Jugendlichen auf die Schularten ungefähr der der deutschen entspricht, sind vor allem türkische und italienische Jugendliche überproportional häufig an Hauptschulen und erheblich seltener an Gymnasien vertreten. Besonders gravierend zeigt sich das negative Bild bei der Frage nach den Schulabschlüssen.

Deutsche und ausländische Schulabsolventen nach Schulart und Geschlecht 2003 – in Prozent						
Abschlussart	**Deutsche Schulentlassene**			**Ausländische Schulentlassene**		
	insges.	m	w	insges.	m	w
Hauptschule	24,5	27,5	21,0	41,5	42,6	40,4
Realschule	41,6	39,6	43,4	29,1	26,4	32,1
Hoch-/Fach-hochschulreife	26,0	22,3	29,8	10,2	8,5	12,1
Ohne Abschluss	7,9	10,0	5,8	19,2	22,6	15,4
Quelle: Statistisches Bundesamt, Fachserie, Reihe 1, zitiert nach Migrationsbericht 2005: 36						

Die Interpretation dieser Zahlen ist klar erkennbar:

- Im Vergleich zu den deutschen Schülern verlassen ausländische Jugendliche mehr als doppelt so oft ohne Abschluss die Schule und umgekehrt.
- Die deutschen Absolventen erreichen zweieinhalbmal so häufig einen Abitur- bzw. Fachabiturabschluss als sog. ausländische Schüler/innen.
- Weiterhin ist der »weibliche Vorsprung« bemerkenswert: Sowohl den deutschen Schüler/innen, aber noch mehr ausländischen Schüler/innen gelingt es, erfolgreicher höhere Schulabschlüsse als ihre männlichen Mitschüler/innen zu absolvieren.

Indikator Funktionale Analphabeten

Das Durchlaufen einer Schule bedeutet nicht, dass alle Schüler/innen am Ende lesen und schreiben können, denn ein großer Teil der Bevölkerung sind funktionale Analphabeten d.h. sie können ihren Kindern keine Gute-Nacht-Geschichte vorlesen und keine Anweisung für ein Medikament lesen. Laut des *Berichts über die menschliche Entwicklung 1999* – veröffentlicht für das Entwicklungsprogramm der Vereinten Nationen (UNDP: 183) – sind 14,4 % der Bevölkerung im Alter zwischen 16 und 65 Jahren *funktionale Analphabeten*. Diese Bildungsbarrieren sind – zusammen mit den Spaltungsindikatoren Arbeit, Einkommen und Vermögen – ein Beleg für die Existenz sozialer, d.h. nicht-ethnischer Parallelgesellschaften, die sich als Resultat der Klassengesellschaft quasi zwangsläufig in der Bundesrepublik Deutschland entwickelt haben.

Benachteiligt: Ausländer und Jungen		
Von je 100 Schulgänger im Schuljahr 2001/2002 haben dieses Abschluss		
Grad des Schulabschlusses	**Deutsche**	**Ausländer**
keinen Hauptschulabschluss	8	20
Hauptschulabschluss	24	41
Realschulabschluss	41	29
Allg. oder Fachhochschulreife	26	11
	Mädchen	**Jungen**
keinen Hauptschulabschluss	7	12
Hauptschulabschluss	22	29
Realschulabschluss	42	38
Allg. oder Fachhochschulreife	29	22
		Quelle: Statistisches Bundesamt

Die Veröffentlichung der Sonderauswertung der OECD zur aktuellen PISA-Studie zeigt wiederum den erschreckenden Rückstand der deutschen Bildungspolitik: Im Vergleich zu anderen Einwanderungsländern sind die Leistungsrückstände von Einwandererkindern besonders groß. In einer Stellungnahme der *Gewerkschaft Erziehung und Wissenschaft* heißt es:

> »Sie machte deutlich, dass Jugendliche aus Migrantenfamilien im deutschen Bildungssystem schlechter gefördert würden als in allen anderen untersuchten Ländern. Insbesondere die in Deutschland geborenen jungen Menschen, die hier zur Schule gegangen sind, hätten sehr schlechte Kompetenzwerte. Sie hinken in Mathe und Deutsch um bis zu eineinhalb Schuljahren hinter Kindern aus deutschen Familien her. ›Das ist der bildungspolitische Skandal, den die PISA-Sonderauswertung zu Tage gefördert hat‹, sagte die GEW-Vize Demmer.«

Parallelgesellschaften der Elite und der Reichen

Die Frage, ob in der Bundesrepublik Deutschland soziale Parallelgesellschaften existieren, lässt sich zweifellos mit *ja* beantworten. Die pluralistische Gesellschaft hat sich zwar fortschreitend in verschiedene Werte-Milieus binnendifferenziert, nimmt man eine sozioökonomische Klassenanalyse vor, so entdeckt man soziale Parallelgesellschaften in der Sozialstrukturpyramide der Bundesrepublik Deutschland. Millionen Menschen leben entweder abseits von gesellschaftlichen Entscheidungsprozessen und Ereignissen oder aber sie grenzen sich bewusst ab, d.h. sie wollen mit den »Anderen« nichts zu tun haben. Im Sinne der Elias'schen Figurationsanalyse erfolgt ein wechselseitiger Prozess der Ein- und Ausgrenzung durch sozioökonomische Markt- und Machtmechanismen. Die sozialen Parallelgesellschaften beginnen »oben« in der Gesellschaftspyramide.

Die Parallelgesellschaft der »da oben« lässt sich nicht ohne weiteres erkennen, denn die medialen-politischen Kampagnen werden in dem Tenor geführt, dass es in dieser offenen Gesellschaft jede/r schaffen könne, wenn er/sie nur leistungsbereit und risikofreudig sei (vgl. Hartmann 2002: 15). Doch diese Maxime ist weitgehend eine Illusion. Es existiert realiter eine sich selbstrekrutierende elitäre Parallelgesellschaft der wirtschaftlichen und politischen Klasse in Deutschland.

Elitäre Netzwerke der reichen Minderheit

Das Wort »Elite« war zunächst in der Nachkriegszeit der Bundesrepublik Deutschland eher tabuisiert, verstand man sich doch bekanntlich als offene demokratische Gesellschaft, aber in der Soziologie war und ist die Eliteforschung stets ein Thema gewesen. In der politischen Öffentlichkeit ist das Wort erst wieder durch die Politische Klasse hoffähig geworden, denn heutzutage redet man u.a. von der Schaffung von »Eliteuniversitäten«.

Folgt man der Fallzahl der empirischen *Potsdamer Elitestudie* von 1995, dann umfasst die deutsche Elite 2.341 Personen aus den Bereichen Politik, Verwaltung, Wirtschaft, Gewerkschaften, Massenmedien, Wissenschaft, Militär, Justiz und Sonstige. Über drei Viertel der zur Elite zählenden Einzelpersonen haben ein Hochschulstudium abgeschlossen und rekrutieren sich überproportional aus Familien mit höherem sozialen Status. Aufgrund der historisch gewachsenen und damit vorgegebenen Gesellschaftsstrukturen bilden die Elite(n) eine soziale Parallelgesellschaft in der gesellschaftlichen Hierarchie:

»Hochindustrialisierte Demokratien zeichnen sich durch eine pluralistische Macht- und Elitenstruktur mit einem hohen Maß an Autonomie für die Eliten der verschiedenen gesellschaftlichen Sektoren aus, was sich in einem hohen Grad an Rekrutierungsautonomie ... niederschlägt.

In allen Gesellschaften nehmen die politischen Eliten im engeren Sinne eine zentrale Stellung innerhalb der Machtstruktur ein, da im Sektor Politik die formale Autorität angesiedelt ist, für die Gesamtgesellschaft verbindliche Entscheidungen zu treffen.« (Hoffmann-Lange/Bürklin 1998: 167)

Selbstrekrutierung der Wirtschaftselite

Diese »obere Parallelgesellschaft« lebt von ihrem eigenen Mythos als Leistungselite, sie suggeriert, dass die Besten und Fähigsten nach oben kommen und die soziale Herkunft keine oder kaum eine Rolle spielt. Der elitenforschende Soziologe Michael Hartmann hat dies in seinen Analysen klar widerlegt. So zieht er in Bezug auf die Karrieren in den Spitzenunternehmen der deutschen Wirtschaft folgende Schlussfolgerung:

»Die Promovierten, die im Verlauf ihrer Karriere hohe Führungspositionen in Spitzenunternehmen erreichen und damit eindeutig zur Wirtschaftselite im engeren Sinne zählen, unterliegen einer besonders scharfen Auslese. Nirgends sonst in der Wirtschaft wird unter den Promovierten mit ihrem sehr selektiven Bildungsabschluss noch so stark anhand der mit dem Elternhaus zusammenhängenden Persönlichkeitsmerkmale ausgesiebt wie Hier. *Je höher die Position in der Wirtschaft ist, desto größer ist auch das Gewicht der sozialen Herkunft* (Hervorh., JN). Der Zugang zur Wirtschaftselite im engeren Sinne bleibt weitgehend für den Nachwuchs des gehobenen und (noch stärker) des Großbürgertums reserviert.« (Hartmann 2002: 87)

Sozialer Aufstieg in die politische und wissenschaftlichen Elite

Ein anderes Bild ergibt die Analyse der politischen und wissenschaftlichen Eliten der Bundesrepublik Deutschland, die sich weitgehend aus den breiten Mittelschichten und dem Nachwuchs der Arbeiterklasse rekrutiert.

»Während in der Wirtschaft der Nachwuchs des gehobenen und (noch stärker) des Großbürgertums bei der Besetzung von Spitzenpositionen ganz eindeutig begünstigt wird, trifft diese Feststellung in einer solchen Allgemeinheit auf eine Karriere in der Politik und der Justiz nicht zu. Im Hochschulsystem finden sich sogar deutliche Anzeichen für größere Karrierechancen für die Promovierten aus der Arbeiterklasse und den breiten Mittelschichten.« (Hartmann 200: 114)

Soziale Segregation der Besserverdienenden

Die soziale Segregation ist nur sekundär ethnisch zu definieren, sie ist primär durch die sozioökonomische Lage bedingt. Man denke in Berlin an solche bürgerlichen Viertel wie Dahlem, Grunewald, Nikolassee oder Frohnau. Dort wohnt die obere Mittelschicht oder die Oberschicht, die sich (a) diese Wohngegend finanziell leisten kann und (b) gerne unter sich bleiben will. Diese Segregation hat sich historisch in der Kaiserzeit vor dem Ersten Weltkrieg in Berlin entwickelt. Die Arbeiter wohnten fußnah in den Arbeitervierteln im Norden und Osten Berlins, nahe ihrer Arbeitsplätze in den Fabriken.

> »Im Südwesten dagegen, in der bewaldeten Seenlandschaft des Grunewalds an der Havel, entstanden die Villengebiete für die Fabrikanten und ihre gut bezahlten Verwalter, aber auch für das hohe Militär und die höheren Beamten – ganz marktförmig, denn wer gut bezahlen konnte, der konnte auch eine gute Wohnung beziehen. Diese sozialräumliche Segregation bildete die sozialen Unterschiede der Klassengesellschaft deutlich ab, und bis heute ist in den Quartieren diese frühe Prägung noch erkennbar.« (Häußermann 2001: 515)

»Gated community« als Parallelgesellschaft der Reichen

Im *Pons Großwörterbuch Englisch* (2003) wird der Begriff »gated community« nicht übersetzt, vielmehr wird erklärt: »Gemeinde mit Schranken am Eingang versehen«. In der von Bürgern selbst zusammengestellten Computer-Enzyklopädie *Wikipedia* heißt es:

> »Als Gated Community bezeichnet man ein Siedlungs-Zentrum (sehr) wohlhabender Bürger, eine Art moderne Festung, die sich durch Sicherheitseinrichtungen – wie Alarmanlagen, Zäune, Sicherheitspersonal – von der übrigen Gesellschaft separiert. Diese Communities ähneln dabei den klassischen Ghettos in der Art, dass eine Segregation auf der Basis des sozialen Standes und möglicher Unterschiede in Kultur, Hautfarbe oder Abstammung geschieht. Diese Sonderform eines Ghettos ist jedoch nur selten historisch gewachsen, sondern wird meist außerhalb der Städte neu gebaut.«

Diese abgeschlossenen und überwachten Wohnsiedlungen in den Vorstädten existieren nicht nur in den USA – es gibt rund 20.000 gated communities –, sondern auch in europäischen Ländern: die »résidence clôturée« in Frankreich, die »Golden Gates« in Kiew, die »Pokrowsky Hills« in Moskau, aber auch in Spanien, Portugal, Griechenland und Großbritannien. Seit kurzem gibt es sie auch in Deutschland: »Arkadia«, das 1998 von dem Bauunternehmen Grooth und Graalfs am Glienicker Horn in Potsdam vor den Toren Berlins erbaut wurde. Zu den Bewohnern des »goldenen Käfigs« zählt u.a.

Fernsehmoderator Günther Jauch. Diese sozialräumliche Segregationsprozesse sind eine Folge und ein Spiegelbild der Klassengesellschaft.

Treffpunkte der oberen Parallelgesellschaft

Wer politisch und wirtschaftlich weitgehend autonom entscheiden und handeln kann, bleibt meist auch sozial in seinem beruflichen und privaten Kontaktumfeld unter sich. Trotz aller demonstrativen Volksnähe bildet die große Mehrheit der deutschen Eliten ein sich unterstützendes soziales Netzwerk als soziale Parallelgesellschaft. Das wird sie zwar stets abstreiten, ist aber soziale Realität, denn bei vielen Anlässen bleibt man unter sich, wenn sich die politischen und wirtschaftlichen Elitegruppen begegnen:

- Das jährliche Treffen der Wirtschaftsbosse und Welt-Spitzenpolitiker im späten Winter in Davos zum Weltforum. Darüber schreibt der Wirtschaftsfachmann der *Süddeutschen Zeitung* Nikolaus Piper am 23. Januar 2006: »Die wichtigste Tätigkeit der knapp 1200 Spitzenmanager in Davos wird es aber sein, Kontakte zu knüpfen, sich sehen zu lassen und mit anderen wichtigen Leuten viel zu essen.«
- Der Elfenbeintum der Eurokraten in Brüssel, die mit den einheimischen Belgiern in Brüssel so gut wie keine Kontakte haben.
- Die jährlichen Presse-, Film- und Sportbälle und Galaabende zur Verleihung von Film- und Fernsehpreisen, auf denen sich die Prominenz für sich selbst und für die Medien inszeniert.
- Bei den alljährlichen Bayreuther Festspielen zu den Opern von Richard Wagner trifft sich die politische und wirtschaftliche Elite in Selbstbespiegelung: sehen und noch wichtiger gesehen zu werden. Auf der Internetseite werden die Mäzene aufgezählt: »Daß in diesem Jahre die Bayreuther Festspiele erneut durchgeführt werden konnten, ist auch den Spenden folgender Unternehmen und Persönlichkeiten zu danken ...« Es werden Unternehmen und 47 Persönlichkeiten genannt. Unter den Firmen sind u.a. Audi, BASF, Bayer, BMW, Commerzbank, DaimlerChrysler, degussa, Dresdner Bank, eon, Jacobs, müller, Siemens, UBS, Volksbanken, VW.
- Ein anderer bekannter Treffpunkt der sich elitär verstehenden Oberschicht ist Kitzbühl in Österreich im Winter (vgl. *Frankfurter Allgemeine Sonntagszeitung* 29.1.2006, s. V 6)

Es kann soziologisch keinen Zweifel geben, dass die sozialen Parallelgesellschaften in der deutschen Gesellschaftspyramide oben beginnen, d.h. die Reichen und Mächtigen bilden ihre parallelen Enklavegesellschaften, um ungestört vom Pöbel – von lateinisch »populus«=»Volk« abgeleitet – ihre Privilegien zu genießen. Wer sich selbst oben eingrenzt, der grenzt die Anderen als soziale Minderheiten aus.

Parallelgesellschaften sozialer Minderheiten

In der Bundesrepublik Deutschland leben viele Menschen abseits vom gesellschaftlichen Reichtum und Wohlstand. Sie werden meist als soziale Minderheiten bezeichnet, aber im Grunde genommen leben sie als soziale Parallelgesellschaften. Als soziale Minderheit lassen sich alle die Menschengruppen bezeichnen, die im Rahmen eines dialektischen Wechselverhältnisses von Selbst- und Fremdbestimmung in einer Gesellschaft als Gruppe abgrenzbar erkennbar ist. Das kann aufgrund der Stigmatisierung durch Außenstehende geschehen oder durch die eigene Selbstdefinition, »anders« als die Anderen zu sein. Meist ist eine interdependente Wechselseitigkeit zwischen Binnen- und Außenverhältnis festzustellen.

Parallelgesellschaft der Wohnungs- und Obdachlosen

Die optisch wohl augenfälligste Parallelgesellschaft ist die parallele »Lebenswelt der Obdachlosen auf der Straße«. Allerdings herrscht hier keine klare Begrifflichkeit, um zwischen »Obdachlosigkeit«, »Nichtsesshaftigkeit« und »Wohnungslosigkeit« zu unterscheiden. Obdachlosigkeit ist der Obergriff für alle Menschen, die entweder in Obdachlosenunterkünfte untergebracht sind – das ist der weitaus größere Teil – oder die tatsächlich ohne Unterkunft leben. Die Zahl der Obdachlosen wird in der Bundesrepublik Deutschland auf ca. 345.000 geschätzt. Dagegen bedeutet Wohnungslosigkeit tatsächlich das Leben auf der Straße.

> »In ihrer idealtypischen, jedermann aus eigenem Augenschein bekannten Form, ist Wohnungslosigkeit als »Leben auf der Straße« zu beschreiben: Männer und Frauen jeder Altersgruppe, die meist in Gruppen oder Grüppchen, die Tage in Parkanlagen oder Fußgängerzonen der Städte verbringen, ihre Habe in Plastiktüten mit sich führend, und die Nächte buchstäblich unter freiem Himmel, auf Parkbänken, Lüftungsschächten oder unter Brücken zubringen.« (Kreft/Milenz 1996: 657)

Laut *Bericht der Bundesregierung zur Lebenslage* (2005) wird die Gesamtzahl der Wohnungslosen auf 310.00 Personen im Jahre 2003 geschätzt. Immerhin ist deren Zahl in den letzten Jahren um 42 % zurückgegangen. Es wird wohl keinen Zweifel geben, dass die Obdachlosen, aber auf jeden Fall die Wohnungslosen eine soziale Parallelgesellschaft in der Bundesrepublik Deutschland bilden, denn sie sind keinesfalls in die Mehrheitsgesellschaft integriert.

Parallelgesellschaften anderer sozialer Minderheiten

Wenn auch optisch gesehen die Wohnungs- und Obdachlosen am »auffälligsten« siind, so leben noch weitere Menschengruppen »parallel-sozial« mitten unter uns, aber am Rande der Gesellschaft: Prostituierte, Drogenabhängige, AIDS-Kranke und delinquente Jugendliche und Erwachsene sowie weitgehend auch Behinderte

Drogenabhängige

Nach dem letzten *Drogen- und Suchtbericht der Bundesregierung* (2005: 144f) sind zwar die Anzahl der Rauschgifttoten im Jahre 2004 auf 1.385 Menschen gesunken – im Vergleich zu 1.477 (2003) oder 2.030 (2000), aber dagegen ist die Zahl der »erstauffälligen Konsumenten harter Drogen« auf 21.100 registrierte Personen angestiegen.

AIDS-Kranke

Ende 2004 lebten in Deutschland ca. 44.000 mit einer HIV-Infektion – im Vergleich zu 37.000 im Jahre 1998.

Prostituierte

Laut *Wikipedia* gibt es in der Bundesrepublik Deutschland ungefähr 400.000 berufsmäßige Prostituierte, davon wahrscheinlich 100.000-200.000 Ausländerinnen (nach Hydra e.V., einer Lobbyvertretung der Prostituierten).

Behinderte

Nach Angaben des Statistischen Bundesamtes lebten im Mai 2003 – nach dem Ergebnis des Mikrozensus – 8,4 Millionen Menschen mit einer amtlich anerkannten Behinderung, d.h. im Durchschnitt ist somit jeder zehnte Einwohner behindert. Der größte Teil von ihnen, ca. 6,7 Millionen ist schwerbehindert. Behinderungen treten vor allem bei älteren Menschen von 55 Jahren und älter auf (rund 72 %). Natürlich leben nicht alle von ihnen segregiert-parallel, aber ihre eingeschränkte Lebensqualität hindert an der gleichberechtigten Teilnahme am gesellschaftlichen Leben.

»Alternative« Parallelgesellschaften

Sicherlich hat sich das normative Klima in der Bundesrepublik Deutschland in den letzten Jahren positiv im Sinne der Toleranz verändert. So gibt es – zumindest öffentlich – keine Diskussion darüber, ob ein Bürgermeister oder ein Parteivorsitzender homosexuell ist oder eine Bundeskanzlerin einer C-Partei zum zweiten Mal verheiratet und kinderlos ist. Dennoch existieren auch weiterhin einige partielle soziale Parallelgesellschaften, die entweder um ihre Anerkennung kämpfen müssen oder sich bewusst abgrenzen. Dazu gehören auch gleichgeschlechtliche, religiöse, monofamiliäre und subkulturelle Gruppen.

Gleichgeschlechtliche Parallelgesellschaften

Seitdem sich Klaus Wowereit, Regierender Bürgermeister von Berlin, und Guido Westerwelle, Vorsitzender der Freien Demokratischen Partei, geoutet[12], sich öffentlich zu ihrer Homosexualität bekannt haben, ist jedem Bundesbürger die »Existenz« dieser sozialen Minderheit bewusst. Ein positiver Beitrag zu diesem offenen Umgang mit den Gleichgeschlechtlichen haben auch die Medien geleistet, denn Künstler haben sich schon früher geoutet und viele Sendungen leben inzwischen von und mit dieser Gruppe, so Dirk Bach, Georg Uecker, Thomas Hermanns, Hella von Sinnen und viele andere. Nach dem Schätzkonzept des Statistischen Bundesamtes im Mikrozensus 2004 ist die Zahl gleichgeschlechtlicher Lebensgemeinschaften von 124.000 im Jahre 1996 auf maximal 160.000 im Jahre 2004 gestiegen. Davon waren 54 % Männerpaare und 46 % Frauenpaare. Homosexuelle Minderheiten habe ihre eigene Infrastruktur wie Kneipenkultur, Treffpunkte, Beratungsstellen usw. Jedes Jahr findet in Berlin und in Köln sowie in anderen Städten der große Umzug beim Christopher Street Day statt. Im Jahre 2005 waren sogar Mitarbeiter des Auswärtigen Amtes auf der Parade mit einem eigenen Wagen vertreten.

Religiöse Minderheiten

Spätestens seit dem Westfälischen Frieden 1648 als Ende des unter anderem mit religiösen Vorzeichen geführten Dreißigjährigen Krieges wurde in Deutschland die bi-konfessionelle Situation mit der Gleichberechtigung von Katholizismus und Protestantismus politisch akzeptiert. Daneben gab

12 »outen« ist bereits ein im *Duden* 2004 anerkanntes Wort.

es allerdings auch nicht gleichberechtigte religiöse Minderheiten wie die Juden. Zu Beginn des 21. Jahrhunderts ist die Bundesrepublik Deutschland in religiöser Hinsicht wesentlich vielfältiger und agnostischer geworden. Es ist ein gemischt »katholisch-protestantisch-muslimisch-atheistisches« Land geworden. Religiöse Vielfalt ist das Hauptmerkmal. Nur noch rund 54 von 82 Millionen Einwohnern bekennen sich durch ihre formale Mitgliedschaft zu den beiden großen christlichen Kirchen. Ein großer Teil der Bundesbürger (ca. 20-21 Millionen) ist konfessionslos. Die Muslime bilden die drittgrößte Religionsgruppe.

Laut des Religionswissenschaftlichen Medien- und Informationsdienstes e.V. (www.remid.de) verteilen sich die Mitglieder der verschiedenen Religionen wie folgt (Stand 25. Juli 2005):

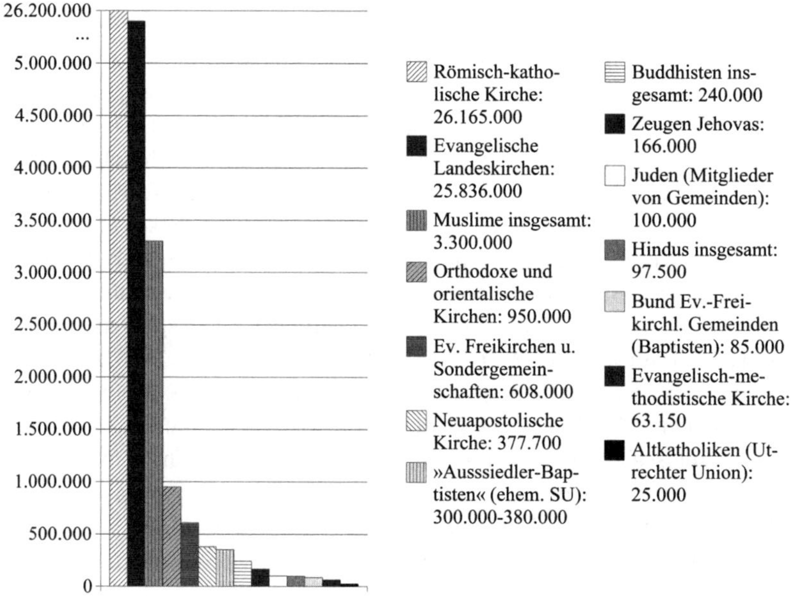

Die Muslime teilen sich auf in:

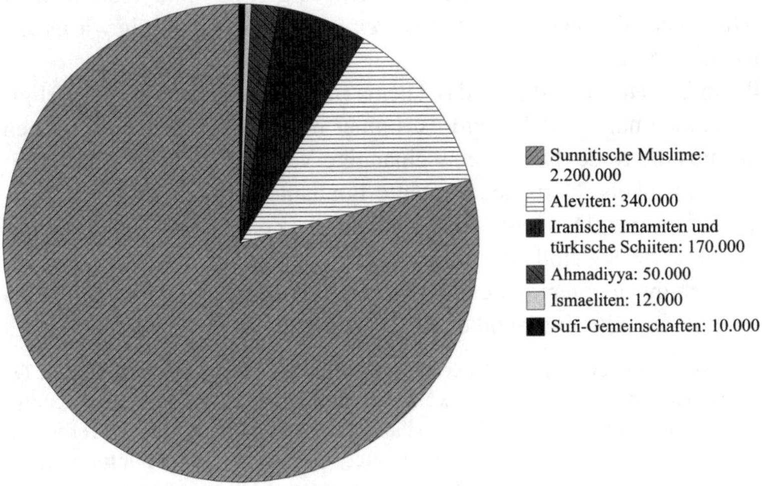

Die Orthodoxen und orientalischen Kirchen teilen sich auf in:

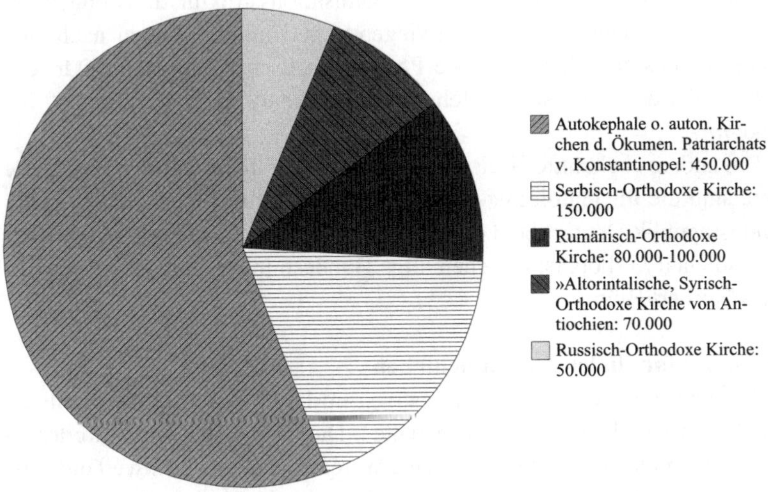

Dazu kommen noch weitere 45 kleinere, meist evangelisch freikirchliche Gemeinden aller Art, und viele andere Gemeinschaften und neuere religiöse Bewegungen.

Die Zahlen lassen sowohl die christliche Vielfalt, aber auch – und das wird meist bei der Argumentation der Mehrheit vergessen – die Vielfalt unter den Muslimen erkennen. Es gibt nicht *den* Islam, genauso wenig wie es *das* Christentum gibt.

Wenn in Deutschland über das Thema »Parallelgesellschaft und Religion« öffentlich nachgedacht wird, ist immer nur vom fundamentalistischen Islamismus die Rede. Das ist eine einäugige Verengung des gesellschaftlichen Blickwinkels. Christlich geprägte Fundamentalisten leben seit Jahrzehnten unter uns. Das beste Beispiel sind die Zeugen Jehovas (vgl. Joas 2001: 208-210). Sie sind eine auf sich selbst bezogene Gruppe, deren Mitglieder sich ihr in einem hohem Maße verpflichtet fühlen. Weltweit zählen sie 3,8 Millionen Prediger und ca. sechs Millionen *Sympathisanten.*

> »Sie verstehen sich als ›Neue Welt-Gesellschaft‹ unter Führung Gottes. Da sie sich als die einzig Auserwählten sehen, glauben sie an die Notwendigkeit, sich vor der übrigen fern zu halten, beständig Gottes Wort zu verbreiten und auf die Erlösung im Reich Gottes zu warten. ... Die Führung erhebt den Anspruch, dass Christi Befehle die gesamte Organisation nur durch sie erreichen. Eine Rebellion gegen die Organisation wird als Rebellion gegen Gott ausgelegt.«

Der Versuch, dieser hierarchischen Organisationsstruktur der Zeugen Jehovas zu entrinnen, kann schwerwiegende persönliche Folgen nach sich ziehen. Ist das etwa keine soziale Parallelgesellschaft, die sich elitär-religiös von der demokratischen Mehrheitsgesellschaft ab- und ausgrenzt? Ich denke *ja.*

Ein anderes bekanntes Beispiel für eine streng hierarchisch organisierte Sekte sind die »Scientology«-Anhänger, deren Verbot eine Zeitlang in der Bundesrepublik Deutschland diskutiert wurde. Prominentester Fürsprecher eines solchen Verbots ist der ehemalige Bundesminister für Arbeit und Soziales Norbert Blüm.

Alternativ-familiales Zusammenleben

Noch immer wird von den Konservativen im Lande das Bild des »heiligen christlichen Familienideals« hochgehalten. Die kapitalistischen Anforderungen wie Mobilität und Flexibilität an die Ware Arbeitskraft erschwert die klassische Familienbildung, wenn Mann und Frau arbeiten (wollen bzw. müssen) und keine flächendeckenden Infrastrukturen wie Kindergärten und Ganztagschulen bereitstehen, um potentielle Eltern zu entlasten. Der Prozess der Zerfaserung der Familie hält an, denn die soziale Wirklichkeit läuft in Richtung anderer Formen des sozialen Zusammenlebens. Indikatoren sind hier u.a.

– die steigende Scheidungsrate,
– die wachsende Anzahl von nicht-ehelichen Lebensgemeinschaften und
– die zunehmende Zahl von Alleinerziehenden.

Nichteheliche Lebensgemeinschaften

Die Zahl der nichtehelichen Lebensgemeinschaften nimmt ständig zu. Laut Statistischem Bundesamt ist ihre Zahl von 1,6 Millionen im Jahre 1993 auf inzwischen 2,4 Millionen im Jahre 2004 gestiegen, davon haben 481.000 ein oder mehrere Kinder im Haushalt.

Alleinerziehende

Laut Mikrozensus des Statistischen Bundesamtes lebten im März 2004 2,5 Millionen Alleinerziehende mit Kindern, so dass von allen 12,5 Eltern-Kind-Gemeinschaften (Ehepaare, Lebensgemeinschaften oder alleinerziehende Elternteile) bereits jedes fünfte Kind alleinerzogen aufwächst. 85 % der Alleinerziehenden sind Mütter.

Subkulturelle Minderheiten als partielle Parallelgesellschaften

Parallelgesellschaften sind nicht immer feststehende sozialen Entitäten auf Dauer oder für das ganze Leben einer Person. Man kann aus sozioökonomischen Abstiegsgründen in sie »hineinrutschen« oder auch wieder versuchen, durch sozialen Ausstieg herauskommen. Bereits der Name »Subkultur« beinhaltet, dass eine Gruppe einerseits Teil der Gesamtgesellschaft ist, aber andererseits sich ihr gegenüber durch eigene Werte, Sprache und Symbole abgrenzt und selbst definiert. Der *Duden* (Das große Fremdwörterbuch 2000: 1284) definiert sehr klar:

> »... besondere, relativ geschlossene Kulturgruppierung innerhalb eines Kulturbereiches mit eigenen Normen und Werten, oft in bewusstem Gegensatz zur herrschenden Kultur stehend.«

Idealtypisch lassen sich verschiedene Formen an Subkulturen unterscheiden wie u.a. Tradierung zur Erhalt der eigenen Kultur, Subkulturen der Ausgrenzung, Protestkulturen, Ausstieg. Weiterhin ist zu beachten, dass viele Menschen in ihrem Lebensstilen friedlich und tolerant nebeneinander leben. Sie haben verschiedene Geschmäcker und Interessen, z.B. in der Musik, im Sport, im Freizeitverhalten usw.

– Die einen lieben die Volksmusik, die anderen die Klassik oder den Jazz.
– Die einen gehen zum Fußball und die anderen spielen Golf oder Tennis in teueren exklusiven Clubs.

- Was hat ein reicher Golfspieler mit einem armen Kanusportler zu tun?
- Was hat ein Tennisspieler mit einem Obdachlosen gemeinsam?
- Was hat ein Skinhead mit einem Punk gemeinsam?

Obgleich nach unserer soziologischen Klassifizierung ethnische Minderheiten ein Teil der innergesellschaftlichen Differenzierungsprozesse sind, sollen sie hier wegen ihrer gesellschaftspolitischen Brisanz analysiert werden.

Ethnische Parallelgesellschaften in Deutschland?

Die Frage, ob in der Bundesrepublik Deutschland ethnische Parallelgesellschaften existieren, ist nur mit *jein* zu beantworten, denn der größte Teil der in der Bundesrepublik Deutschland lebenden Ausländer hat sich mehr oder weniger integriert und fühlt sich auch als Deutscher. Natürlich gibt es eine nicht zu vernachlässigende Minderheit, die sich selbst ausgrenzt und in ihrem kulturellem Selbstverständnis unter sich auf »ethnischen Parallelinseln« lebt. Die Existenz solcher Parallelgesellschaften wird meistens einseitig als negativ wahrgenommen und interpretiert. Die ethnic communties als sozialräumliche Konzentration haben zwei Aspekte: erstens soziale Segregation und die damit verbundenen negativen sozialen Folgen und zweitens die Chance ethnischer Selbstorganisation und gegenseitiger Unterstützungsnetzwerke, die positiv zu bewerten sind.

Soziale Segregation in den Wohnvierteln

In der Stadtsoziologie wird der Fachbegriff »soziale Segregation« als »sozialräumlicher Sortierungsprozess der Wohnbevölkerung nach der ethnischen Zugehörigkeit, der sozialen Lage oder Differenzen im Lebensstil« (Häußermann 2001: 532) definiert. Beim Stichwort soziale Segregation in den Wohnvierteln denkt man in Deutschland u.a. an Berlin-Kreuzberg als »Türken-Ghetto« oder an Berlin-Neukölln (Altstadt) als »ethnisches Problemgebiet« usw. Die Reduktion auf das ethnische Moment ist zu einseitig, denn soziologisch ergibt sich folgendes Bild:

In Berlin-Kreuzberg wohnt – soziologisch betrachtet – die soziale Unterschicht deutscher oder anderer ethnischer Herkunft, und zwar zusammen mit den Einsprengseln »transitorischer« StudentInnen. Diese verlassen nach Beendigung des Studiums, mit dem Beginn einer Berufsaufnahme und spätesten mit der Gründung einer Familie meistens den »Multi-Bezirk Kreuzberg«, um ruhiger zu wohnen oder um ihren Kindern eine bessere Schule zu ermöglichen. Kreuzberg ist primär ein soziales Klassenproblem und nicht ein ethnisches Problemfeld. Hier werden interpersonale und Gruppenkonflikte einseitig ethnisiert, die im Grunde genommen sozial bedingt sind. Auch Segregationsprozesse sind ein Resultat der figurativen Interdependenz zwischen Mehrheit und Minderheit.

> »Demnach beschreibt Segregation auch die mangelnde Fähigkeit der (aufnehmenden) Gesellschaft, eine zugewanderte Gruppe zu integrieren. Die Probleme, welche sich aus der Segregation von Zuwanderern ergeben, sind demnach systematische Mängel unserer Gesellschaft, gleichen Zugang zu Ressourcen zu gewähren und Teilhabe zu sichern.« (Kapphan 2001: 97)

Schon zum dritten Mal ist in Berlin ein Sozialatlas erstellt worden, der die gesamte Bevölkerung nach sozialstrukturellen Indikatoren klassifiziert und in eine Rangordnung bringt. Der Sozialindex fasst eine Variablenkonstellation zusammen, zu der u.a. Indikatoren wie der Anteil an Ausländern, Sozialhilfeempfängern und die Arbeitslosenquote zählen, die mit den Pro-Kopf-Einkommen und der Lebenserwartung korrelieren. Das führt in Berlin zu folgenden sozialräumlichen Unterschieden:

> »Bezirke mit der niedrigsten Lebenserwartung und den höchsten Anteilen an Sozialhilfeempfängern (Kreuzberg, Wedding, Tiergarten, Neukölln) weisen gleichzeitig hohe soziale Belastungen, d.h. einen negativen Sozialindex auf. Umgekehrt sind die entsprechenden Anteile der Variable Sozialhilfeempfänger besonders gering bzw. die Lebenserwartung besonders hoch in den Bezirken mit einer guten Sozialstruktur (Zehlendorf, Treptow, Wilmersdorf, Köpenick, Steglitz).

Derartige Zusammenhänge lassen sich auch zwischen anderen Variablen feststellen.

Freiwilliger oder erzwungener ethnischer Rückzug?

Aus der Perspektive der deutschen Mehrheit wird stets argumentiert, dass sich die Ausländer selbst in ihre Wohnviertel und in ihre ethnischen Gemeinschaften zurückziehen und dort unter sich in ihrer Lebenswelt leben wollen. Diese Frage lässt sich nur mit der Ausgangsthese »Es gibt kein Problem der Minderheit an sich in der Gesellschaft, sondern es ist auch stets ein Problem der Mehrheit in Bezug die Minderheit« differenziert beantworten. Zunächst einige polemische Gegenfragen an die deutsche Mehrheit:

– Bekommt etwa eine türkische oder arabische Familie eine Wohnung in einem von der oberen Mittelschicht oder der Oberschicht bewohnten Stadtteil? Die Antwort ist wohl *nein*.

- Wer hat regelmäßige Kontakte mit nicht-deutschen Familien oder Bürgern und lädt sie zu sich nach Hause? Sicherlich nur wenige oder?
- Ziehen nicht alle deutschen Haushalte aus solchen ethnisch gewordenen Vierteln weg, wenn sie es sich finanziell leisten können?
- Übrigens ziehen auch türkische Mittelschichtfamilien aus solchen ethnischen Vierteln weg, wenn sie es sich leisten können.

Die Frage nach dem ethnischen Rückzug lässt sich wiederum am besten sozioökonomisch beantworten, nämlich aus dem Zusammenspiel von ökonomischer und stadtsoziologischer Analyse, wie es Häußermann und Kapphan (2004: 203ff) hervorragend untersucht haben. Solange die ausländische Bevölkerung in den Arbeitsmarkt eingegliedert ist,

> »... kann die räumliche Konzentration ihrer Wohnstandorte positive Funktionen in dem Sinne haben, als eine ethnische Infrastruktur und vielfältige Unterstützungssysteme aufgebaut werden können, die eine Binnenintegration gewährleisten und die eigene Identität stützen. Fallen die ökomischen Brücken, die der Arbeitsmarkt in die Aufnahmegesellschaft bildet, weg, dann kann die räumlich segregierte ethnische community zu einer Falle werden – denn nun kann die räumliche Isolation die soziale Isolation verstärken.« (Häußermann & Kapphan 2004: 213)

Statt eines positiven Kreislaufs wechselseitiger Ressourcenverstärkung zur Integration wird diese Abkopplung der Ausländer vom Arbeits- und auch vom Bildungsmarkt zu einer sozialen Falle der Desintegration und des ethnischen Rückzuges – makropolitisch durch die Arbeitslosigkeit und den Mangel an Bildung bedingt, aber mikropolitisch von den Betroffenen vollzogen. Ethnische Stadtteile sind letzten Endes Armutsviertel. Diese soziologischen Tendenzen der Abweisung durch die Mehrheit korrespondieren mit eigenen Bestrebungen des Rückzugs in die ethnischen Netzwerke, um unter sich leben zu können. Hier bedingen sich figurativ Mehrheit und Minderheit wechselseitig.

Fazit: Pluralistische Klassengesellschaft als Netzwerk sozialer Milieus und Parallelgesellschaften

Die modernen Differenzierungsprozesse von Vergesellschaftung bei gleichzeitiger Individualisierung führen zu kulturellen Milieus und damit tendenziell zu einem Netzwerk an unterschiedlichen Parallelgesellschaften, die sich an den Bedingungen des Rechtsstaates orientieren, ansonsten aber sich selbst verwirklichen, soweit es die gesellschaftliche Toleranz ermöglicht.

Diese Netzwerkgesellschaft lässt sich wie folgt charakterisieren. Es existieren

- verschleierte Klassenverhältnisse, in denen nicht immer sofort in ihrer Disparität Reich versus Arm zu erkennen sind,
- soziale Milieuinseln und vielfältige Parallelgesellschaften und
- überlappende soziale Kreise oder Kreuzung einer Vielzahl sozialer Netzwerke.

Kapitel III

Ohn(e)macht der Politischen Klasse

Fiktiver Prolog III: Gerold Teutschmann MdB

Der Bundestagsabgeordneter Gerold Teutschmann vertritt einen ländlichen Wahlkreis im Norden der Bundesrepublik Deutschland, in dem die Arbeitslosenrate über dem Bundesdurchschnitt liegt und kaum Ausländer leben. Er sitzt im Ausschuss für Landwirtschaft und in dem für Umwelt. Er nimmt zwar die vielen wissenschaftlichen Berichte zu Migrationsfragen flüchtig zur Kenntnisse, aber in seiner Fraktion sind andere Experten für diese Thematik zuständig. Er ist von Hause aus Jurist und hat jahrelang in der Verwaltung einer Kleinstadt gearbeitet und sich in seiner Partei vom Abgeordneten im Kreistag über den Landtag in den Bundestag politisch hochgearbeitet. Der Bundestagsabgeordnete ist Teil der Politischen Klasse in Deutschland. Abgesehen von seinen Einladungen zu Parteiversammlungen am Wochenende lebt er im Elfenbeinturm des Berliner Politzirkus.

Die Politische Klasse: Machterhalt statt Kompetenzen

Obgleich Wissenschaftler verschiedener Fachrichtungen seit Jahren Themen wie »Migration«, »ethnische Konflikte« und »Integration« untersuchen und über zahlreiche Kommissionen[13] Vorschläge unterbreitet haben, ist die Politische Klasse der Bundesrepublik Deutschland im Prinzip ohnmächtig, eine den heutigen Realitäten und den zukünftigen Notwendigkeiten angemessene Integrationspolitik zu betreiben. Die führenden Politiker und Politikerinnen der Bundesrepublik Deutschland bilden informell eine »Politische Klasse«, die weitgehend nur an sich selbst, an ihren eigenen Machterhalt einschließlich ihrer Privilegien denkt, aber sie ist auf dem besten Wege, in Zukunft »Ohn(e)Macht« zu sein.

Zur Begrifflichkeit: Ohn(e)Macht und Politische Klasse

Schlüsselbegriffe dieses Kapitels sind »Ohn/e)Macht« und »Politische Klasse«, denn die in der Bundesrepublik Deutschland geführte Reformdebatte und die eingeleiteten punktuellen Mikro-Reformen zeigen, dass Ohnmacht und Politik fast identische Tatbestände sind.

Zur Etymologie der Wörter

Das Wort Ohnmacht bedeutet »Bewusstlosigkeit, Schwäche, Machtlosigkeit«. Es leitet sich etymologisch über das Adjektiv ohnmächtig ab (vgl. Pfeifer 1993. 946, Kluge 2002. 664): Das alte westgermanische Präfix »a« bedeutet »fort, weg, zurück, nach«. Es hat sich später zu »o« verdunkelt, daher die beiden altmittel- bzw. frühhochdeutschen Wörter »omaht« bzw. »Om(m)acht«. Das Wort wurde dann mit der Präposition »ohne« in Verbindung gebracht und im 16. Jahrhundert zu Ohnmacht umgebildet, also »ohne Macht«.

Das Wort »Macht« hat den Sinn »Vermögen, Herrschaft, Gewalt, Kraft, Stärke«. Es leitet sich von dem Verb »mögen« ab, das heute »wollen, gern haben« bedeutet. Aber ursprünglich war es bis ins 17. Jahrhundert in der Bedeutung von »kräftig, wirksam sein, mächtig, imstande sein, die Möglichkeit haben«. Diese Bedeutung gibt es noch beim Wort »vermögen«. Ohnmacht heißt also, »nicht imstande sein, keine Möglichkeit haben«, d.h. die Politik oder genauer formuliert die Politische Klasse ist ohnmächtig, schwach, macht- und bewusstlos.

---

[13] 1. Vgl. Sechster Familienbericht 2000; 2. Süßmuth-Kommissionsbericht Nr. 1; 3. Süßmuth-Kommissionsbericht Nr. 2.

Das Wort Politik bedeutet »Lenkung eines Staates, Festlegung und Durchsetzung bestimmter Ziele von Regierungen, Parlamenten, Parteien, Organisationen, verallgemeinert, klug berechnendes Verhalten« (Pfeifer 1993: 1924). Es ist eine Entlehnung aus dem Französischen »politique«= »Wissenschaft von der Führung eines Staates« und geht auf Griechisch »politike (techne)«=»Wissenschaft vom Staat« zurück. Ausgangspunkt ist griechisch »polis«=»Burg, Stadt, Stadtgemeinde, Staat«. Politiker sind also »Staatsführer«, sie sollen sich klug verhalten und Ziele durchsetzen.

Das Wort Klasse ist aus lateinisch »classis« entlehnt und bedeutet eigentlich »Herbeirufung« (vgl. Kluge 2002: 493), zunächst im Sinne der Bezeichnung der herbeigerufenen Menge bzw. einer militärischen Abteilung, schließlich übertragen auf die Einteilung des Volkes nach Tributklassen und heute allgemeiner Gebrauch für Einteilungen.

Politische Klasse an sich

»Das Hauptübel liegt im Verfall der Führungsschicht«

»Der Kampf um die Macht – das ist das Einzige, was diese Generation interessiert. Diese ganze Generation ist doch eine Fehlbesetzung«

(Wilhelm Hennis[14])

Ob die Politiker es subjektiv so empfinden oder nicht – und sie möchten es nicht gern hören –, aber objektiv, d.h. aufgrund bestimmter struktureller Merkmale sind sie informell Mitglieder einer »Politischen Klasse«, ob sie ollen oder nicht. Der Bundestagsabgeordnete Hermann Scheer (SPD) bestreitet in seinem an sich spannenden Buch »Die Politiker« vehement diese These, wenn er behauptet:

> »Die Existenz einer ›politischen Klasse‹ bestreite ich – jedenfalls im Sinne eines soziologischen Klassenbegriffs, der gemeinsame Interessen und Werte von denen anderer Klassen abgrenzt.« (Scheer 2003: 15)

Doch genau an diesem Punkte ist anzusetzen: Gemeinsame Interessen und Werte der Politiker sind ihre Privilegien und der Wille zum Machterhalt bzw. -erwerb. Sie denken nur an die nächsten Wahltermine und wie man irgendwie die jeweilige Wahl (wieder) gewinnen kann. Laut Artikel 20, Absatz 2 der Verfassung der Bundesrepublik Deutschland geht zwar alle Gewalt vom Volk aus, aber durch die Wahlen wird dieses Mandat den ge-

---

[14] Interview mit dem achzigjährigen Prof. Dr. Wilhelm Hennis im *Stern* vom 29.1.2004. Er ist einer der renommiertesten Politologen in Deutschland.

wählten Abgeordneten übertragen. Aufgrund der Wahlmechanismen und der Vorrangstellung der Parteien laut Art. 21 GG wird die »Laufbahn« eines Politikers praktisch nur auf dem Weg über oder in einer Partei bestimmt. Die Bundesrepublik Deutschland ist weitgehend ein Parteienstaat.

Schon 1993 hat der Politologe Klaus von Beyme zum Thema *Die politische Klasse im Parteienstaat* eine ausgezeichnete Analyse geschrieben, indem er sie gegenüber der politischen Elite abgrenzt:

> »Die politische Elite versucht, zugunsten Dritter zu handeln. Ihr Interesse ist ein *Steuerungsinteresse*. Die politische Klasse hingegen ist *selbstreferentiell* in des Wortes wörtlichster Bedeutung angelegt. Sie ist innerhalb der politischen Führungskräfte gleichsam eine *Interessengruppe für sich selbst*. Die politische Klasse kämpft um eine gewisse Autonomie von ihren Wählern. ... Die politische Klasse gewinnt diese Autonomie einerseits durch periphere Eingriffe zu ihrer Existenzsicherung (Diätengesetze, Verhaltensmaßregeln, Parteienfinanzierung), andererseits durch den Ausbau der eigenen Machtposition in anderen Bereichen der Gesellschaft, vor allem in der Verwaltung, den öffentlich-rechtlichen Medien und in der öffentlichen Wirtschaft (Beyme 1993: 31).«

Diese Diskussion hat der Staatsrechtler Hans Herbert von Arnim in seinen Publikationen[15] thematisiert. Er hat die Zahl der Mitglieder der politischen Klasse auf knapp 17.000 geschätzt (vgl. Arnim 1997: 35-40), indem er folgende Personenkreise addiert:

1. die Parlamentsabgeordneten des Bundestages, aller Landesparlamente und die deutschen Mitglieder des Europaparlaments,
2. der Bundespräsident und die Regierungsmitglieder auf Bundes- und Länderebene,
3. die politischen Beamten auf Bundes- und Länderebene,
4. insbesondere hauptberufliche kommunale Wahlbeamte,
5. das Bundesverfassungsgericht und
6. die politischen Mitarbeiter in allen diesen Institutionen.

Dazu kommen noch die im Hintergrund agierenden Politikberater, wie z.B. in den aus Steuergeldern finanzierten Denkfabriken der parteipolitischen

[15] Einige bekannte Titel sind: 1998 »Diener vieler Herren. Die Doppel- und Dreifachversorgung von Politikern«, 1997 »Fetter Bauch regiert nicht gern. Die politische Klasse – selbstbezogen und abgehoben«, 1993 »Staat ohne Diener. Was schert die Politiker das Wohl des Volkes?«.

Stiftungen[16] und die zahlreichen Beraterfirmen wie u.a. Roland Berger oder Kienbaum Unternehmensberatung.

Die Politische Klasse gesteht sich folgende Selbstbedienungsprivilegien zu:
1. das Recht auf Selbstbestimmung über ihre Vergütung, also über die Höhe der Diäten,
2. Parteienfinanzierung weitgehend durch den Steuerzahler,
3. Aufhebung der Immunität, der Nicht-Strafverfolgung, durch den Bundestag selbst,
4. eigenständige Verlängerung der Wahlperioden von vier auf fünf Jahre in den letzten Jahren, z.B. in Nordrhein-Westfalen, Bayern und Berlin,
5. alleinige Gesetzesbefugnisse, also keine Chance auf Volksentscheide,
6. Selbstrekrutierung aus den eigenen Parteireihen, z.B. bei der Aufstellung der Kandidatenlisten,
7. Selbstbestimmungsrecht über die hervorragende Altersversorgung,
8. Selbstkontrolle bei Skandalen nur durch eigene parlamentarische Ausschüsse, ohne die Hinzuziehung von unabhängigen Außenstehenden,
9. keine Altersbegrenzung, wann der Ruhestand, die Rente anfängt. Das entscheidet jeder Politiker[17] selbst.

Inkompetenz der Politischen Klasse

Die Politische Klasse der Bundesrepublik Deutschland ist aus mindestens vier Gründen inkompetent, folglich also »ohnmächtig«:

Lebenslügen

»Eine Lüge ist wie ein Schnellball; je länger man ihn wälzt, je größer wird er.«

Martin Luther

Das Wort »lügen« als eine alte indoeuropäische Wurzel hat seine ursprüngliche Bedeutung bewahrt: »bewusst Unwahres sagen«. Anstelle die Wahr-

---

16 »Friedrich-Ebert-Stiftung« (SPD), »Konrad-Adenauer-Stiftung« (CDU), »Friedrich-Seidel-Stiftung« (CSU), »Friedrich-Naumann-Stiftung« (FDP), »Heinrich-Böll-Stiftung« (DIE GRÜNEN) und »Rosa-Luxemburg-Stiftung« (PDS).

17 Der im Januar 2006 verstorbene Bundespräsident Rau war am Ende seiner Amtszeit bereits 73 Jahre alt und hätte sicherlich gern noch einmal kandidiert, aber die Mehrverhältnisse hatten sich in der Bundesversammlung zugunsten der CDU/CSU und der FDP geändert.

heiten zu sagen und die auf uns zukommenden gesellschaftspolitischen Herausforderungen so schnell wie möglich durch entschlossenes radikales Handeln zu entschärfen, werden tagtäglich von der Politikern Lebenslügen verbreitet und als sog. Reformen, die keine sind, der Bevölkerung »verkauft«. Insbesondere folgende *fünf* große Lebenslügen werden von der Politischen Klasse verbreitet:

»Es gibt wieder Vollbeschäftigung« – Alle Hartz-Reformen haben keine Wende auf dem Arbeitsmarkt gebracht. Die offiziellen Arbeitslosenzahlen schwanken um die fünf Millionen. Ein Ende ist nicht zu erkennen.

»Chancengleichheit für Alle« – Die PISA-Studien haben diesen Anspruch widerlegt (vgl. weiter oben 2. Kapitel).

»Der Sozialstaat ist nicht mehr finanzierbar« – Wenn ständig im Wettlauf die Steuern gesenkt und nicht alle Bürger als Beitragszahler in die Sozialversicherungen einbezogen werden, dann müssen Lücken auftreten.

»Die Familie ist die tragende Säule der Gesellschaft« – Die Zerfaserung der Familie wurde durch zahlreiche Indikatoren belegt (vgl. weiter oben 2. Kapitel).

»Deutschland ist eine monokulturelle Gesellschaft« – Hierzu werden die empirischen Daten weiter unten im 4. Kapitel analysiert.

Ohn(e)Macht als Mangel an visionärem / utopischem Denken

Politiker können nur in kurzfristigen Zeiträumen denken, geschweige denn in langfristigen Strategien handeln. Sie denken häufig nur in Mikro- statt in Makro-Kategorien, d.h. sie entscheiden nach punktuell-betriebswirtschaftlichen Aspekten statt in volkswirtschaftliche Kreisläufe zu intervenieren. Es sind in kleinen Schritten denkende »Mikro-Politiker« und keine in gesamtgesellschaftlichen Zusammenhängen handelnde »Makro-Politiker«. Die Politiker sind für ihre Aufgaben beruflich-fachlich nicht (genügend) qualifiziert. Juristen und Lehrer dominieren das Parlament.

Machterhalt statt utopisches Denken

Die Politische Klasse verfügt über keine gesellschaftspolitische Utopie, sondern sie kümmert sich vorrangig um ihren eigenen Machterhalt. Das letzte Beispiel um Machtschachern war die Nominierung des Kandidaten für die Wahl des Bundespräsidenten im Mai 2004. Es ging nicht um eine würdige Person an sich, sondern darum: wer kann wen ausschalten, wer setzt sich macht-politisch durch, welches sind die strategischen Partner für die nächste Bundestagswahl. Die Politiker sind moralisch verkommen. Die bisher schärfste Kritik zum Machterhalt kommt aus den eigenen Reihen. Es sei daher an dieser Stelle noch einmal an die Analyse des früheren Bundespräsidenten Richard von Weizsäcker aus dem Jahre 1992 erinnert (zitiert nach von Arnim 1997: 23):

> »Die Parteien und Parteiführungen sind machtversessen auf den Wahlsieg und machtversessen bei der Wahrnehmung der inhaltlichen und konzeptionellen politischen Führungsaufgaben. ... Der Berufspolitiker sei ein Generalist mit dem Spezialwissen, wie man politische Gegner bekämpft.«

Immer wenn irgendeine wichtige Kommunalwahl, aber auf jeden Fall eine Landtagswahl vor der Tür steht, dann werden alle heiklen Themen ausgeklammert, um nur nicht eine potentielle Wählergruppe zu verschrecken. Wegen der sechzehn Bundesländer können bis zu dreißig Landtags- und Kommunalwahlen innerhalb der vierjährigen Legislaturperiode des Bundestages stattfinden.

Mangel an einem visionärem Gesellschaftsbild oder einer Utopie

Das Wort »Utopie« (vgl. Pfeifer 1993: 1493) bedeutet »Idealbild von gesellschaftlichen Verhältnissen, die unter den gegebenen Bedingungen nicht zu verwirklichen sind, phantastische Vorstellung ohne reale Grundlage, Wunschtraum, Hirngespinst«. Das Wort »Utopei« ist eine neolateinische Wortschöpfung des englischen Humanisten Thomas Morus, der 1510 sein Werk *De optimo rei publicae statu deque nova insula Utopia* veröffentlichte, in dem er das Bild eines republikanischen Idealstaates entwirft. Für mich bedeutetet »Utopie« »Wunschtraum«, d.h. die Vision von einer besseren gerechteren Gesellschaftsordnung, was gemeinsam diskutiert werden muss.

Während das Wort »Vision« (vgl. Pfeifer 1993: 1518) »Erscheinung, Trugbild« bedeutet, ist die Ableitung »visionär« anders zu deuten, nämlich »seherisch, traumhaft, auf Einbildung beruhend, unwirklich«.

Willy Brandt war für die Zeitgenossen mit seinem utopischen Denken für eine neue Ostpolitik ein zu verteufelnder Traumtänzer, aber aus heutiger Sicht ein großartiger Visionär, der dazu beitragen hat, dass Europa sich vereinigen konnte. Den Mangel an utopischem bzw. visionärem Denken hat der Bundestagsabgeordnete Hermann Scheer (SPD) selbstkritisch formuliert:

> »Die Reduzierung des politischen Denkens und Handelns auf zahllose Kleinkorrekturen, was die Lage meistens nur verschlimmbessert. Die gedankliche

> und praktische Scheu vor großen Politikentwürfen, die sich auf die Problemkerne konzentrieren. Der Verzicht auf eine Leitidee. ... Die Fixierung auf das aktuelle Stimmungsbild in den Massenmedien. ... das Verkümmern des Politischen im Politikbetrieb insgesamt.« (Scheer 2003: 200)

Die Politiker haben keine Vision, keine Vorstellung über das Gesellschaftsbild der Zukunft. Sie denken stationär und nicht dynamisch. Mögliche gesellschaftliche Utopien wären u.a. sich die Bundesrepublik Deutschland vorzustellen als

- eine vorbildliche ökologische Gesellschaft, die man als Modell weltweit exportieren kann,
- einen Motor in der Entwicklungshilfe für die Bekämpfung der Armut in der Dritten Welt,
- eine offene Gesellschaft für Zuwanderer oder
- eine Gesellschaft mit hohem Bildungsstandard für Alle Bürger.

Wer erfolgreich Reformen durchführen und dafür Zustimmung erhalten will, muss den Menschen eine für sie überschaubare Perspektive bieten.

Mythos »Deutschland ist keine multikulturelle Gesellschaft«

Seit Jahren behauptet die Politische Klasse, dass »die Bundesrepublik Deutschland eine monokulturelle Gesellschaft sei« oder anders ausgedrückt, dass die BRD keine multiethnische Gesellschaft sein darf. Erst sehr langsam und auch nur in Teilen der Bevölkerung wird allmählich zur Kenntnis genommen, dass Deutschland ein Einwanderungsland ist. Diese Kehrtwendung ist zwar offiziell von der rot-grünen Bundesregierung bei ihrem Antritt 1998 verbal vollzogen worden, aber es folgten keine praktischen Schritte in Bereichen wie ein modernes offenes Einwanderer-, insbesondere Flüchtlingsrecht, eine integrationsfreudige Bildungspolitik, eine minderheitenfreundliche Gemeinwesenarbeit / Stadtteilpolitik usw.

Die rot-grüne Bundesregierung hatte sich vorgenommen, unter Federführung des Innenministers Otto Schily, ein neues »moderneres« Ausländergesetz zu verabschieden, aber dazu brauchte sie die CDU/CSU, die die Mehrheit im Bundesrat kontrolliert. Bekanntlich blockierten die Konservativen den Gesetzesentwurf bzw. sie wollten einen Kompromiss erreichen, der faktisch an dem alten Ausländergesetz nichts ändert.

Das Ergebnis des neuen Ausländerrechts ist bekannt: es ist restriktiv, nicht tendenziell weltoffen für die notwendige Zu- und Einwanderung, die wir bei der eintretenden Überalterung der deutschen Bevölkerung und dem wahrscheinlichen Mangel an Fachkräften für die deutsche Wirtschaft in naher Zukunft brauchen. Die Politische Klasse ist wohl als Ganzes kleinbürgerlicher, miefiger und reaktionärer als der Durchschnitt der durch Reisen ins Ausland weltoffener gewordenen Bürger und Bürgerinnen.

Deutschland als Einwanderungsland

Deutschland hat eine lange Tradition der Aus- und Einwanderung (vgl. u.a. Bade 2000). Angefangen von den Auswanderungen nach Ost- und Südosteuropa, insbesondere im 17. und 18. Jahrhundert (Wolga- bzw. Russlanddeutsche), über die Glaubensflüchtlinge, z.B. der französischen Hugenotten nach Preußen, der Massenauswanderung nach Übersee und den meist russischen Saisonarbeitern im Kaiserreich bis hin zu dem dunklen Kapitel der Zwangsarbeiter im Dritten Reich, deren Zahl am Ende des Zweiten Weltkriegs über sieben Millionen betrug (vgl. Herbert 2001).

Die Migrationstradition hat sich nach dem Zweiten Weltkrieg sehr bald fortgesetzt, denn bereits 1955 hat die BRD das erste Abkommen mit Italien abgeschlossen, um Arbeitskräfte für die Landwirtschaft und das Gaststättengewerbe anzuwerben, also für Arbeitsbereiche, in denen die Deutschen auch damals nicht gerne arbeiten. Später folgten weitere Abkommen 1960 mit Spanien und Griechenland, 1961 mit der Türkei, 1964 mit Portugal und 1968 mit Jugoslawien.

Um den durch die Nationalsozialisten missbrauchten Begriff der Fremdarbeiter[18] zu vermeiden, wurde der Begriff »Gastarbeiter« erfunden. Damit wurde suggeriert, dass die eingeladenen Gäste das Haus BRD nach getaner Arbeit wieder verlassen werden.

Zeitreihe Ausländer in Deutschland

Ein statistischer Blick von 1871 bis 2000 zeigt zunächst einen Anstieg der Ausländer von der Gründung des Deutschen Reiches bis zum Ersten Weltkrieg, eine geringe Zahl in der Weimarer Republik – die Zwangsarbeiter

[18] Der Begriff »Fremdarbeiter« wird noch heute im Alltag in der Schweiz und in Österreich benutzt.

werden hier nicht mitgezählt! – und dann einen rapiden Anstieg seit den sechziger Jahren des 20. Jahrhunderts bis heute.

Jahr	Ausländer	in % der Bevölkerung
1871	207.000	0,5
1880	276.000	0,6
1890	433.000	0,9
1900	779.000	1,4
1910	1.260.000	1,9
1925	957.000	1,5
1933	757.000	1,2
1951	506.000	1,0
1961	686.000	1,2
1970	2.601.000	4,3
1980	4.453.000	7,2
1990	5.343.000	8,4
2000	7.297.000	8,9
		Quelle: Statistisches Bundesamt

Personen mit Migrationshintergrund

Wenn man jedoch die von einheimischen Deutschen so genannten »Russen«[19], also die Aussiedler aus Russland und dem Balkan hinzuzählt, dann haben mindestens zehn Millionen Bürger der BRD ethnisch gesehen einen anderen Hintergrund als einen »deutschen«, sind also *Personen mit Migrationshintergrund*, wie es jetzt neutraler heißt. Im Laufe der letzten knapp fünfzig Jahre haben die aus dem Ausland gekommenen Arbeitskräfte ver-

19 »Russen« ist die umgangssprachliche diskriminierende Bezeichnung, nicht nur unter Jugendlichen, für die Aussiedler.

schiedene Etikettierungen durch die deutsche Politik und Wissenschaft erfahren, und zwar in folgender historischer Reihenfolge seit den fünfziger Jahren des 20. Jahrhunderts:

1. *Gastarbeiter* (fünfziger bis siebziger Jahre) als eine euphemistische, beschönigende Umschreibung für Bürger Zweiter Klasse, um nicht an den Begriff »Fremdarbeiter« im Nationalsozialismus zu erinnern.
2. *Ausländische (Mit-)Bürger* (achziger Jahre) als eine Schein-Anerkennung der ausländischen Arbeitskräfte als Bürger, aber ohne volle politische Bürgerrechte.
3. *Migranten* oder *Immigranten* (neunziger Jahre) als erster Schritt zur Wahrnehmung der Ausländer mit einer »anderen« Kultur und der Tendenz zum Einwandererstatus.
4. *Bürger mit Migrationshintergrund* (21. Jahrhundert) als richtiger Schritt zur Anerkennung der kulturellen Differenzen und damit möglicherweise einer anderen Politik ihnen gegenüber.

Teil B

Empowerment in einer interdependenzkulturellen Gesellschaft

Schon wieder ein neues Fremdwort. Die Leserin/der Leser fragt sich mit Recht, warum man Empowerment nicht auf Deutsch sagen kann. Ein erster flüchtiger Blick ins Wörterbuch übersetzt »to empower« mit »ermächtigen«, also empowerment gleich Ermächtigung? Doch Empowerment heißt auch »Stärkung, Unterstützung« und ist heute ein gängiger Begriff in der Sozialen Arbeit. Nach Heiner Keupp (2005: 234) bedeutet Empowerment einen Perspektivwechsel[20]: von der traditionellen Defizit- oder Krankheitsperspektive zur Ressourcen- oder Kompetenzperspektive als aktive Förderung solidarischer Formen der Selbstorganisation.

> »Das Wissen um die Stärken der Menschen und der Glaube an ihre Fähigkeiten, in eigner Regie eine lebenswerte Lebenswelt und einen gelingenden Alltag herzustellen, führt mit Notwendigkeit zu einer anderen beruflichen Perspektive als im Falle eines professionellen Szenarios der Hilfebedürftigkeit.«

Diese Empowerment-Perspektive gilt auch für das wechselseitige Verhältnis von Mehrheit und Minderheiten. Im Sinne der Analyse der sich wech-

20 Statt Perspektivwechsel kann man wissenschaftstheoretisch auch vom Paradigmenwechsel sprechen, d.h. einem neuen Denkmuster statt des alten.

selseitig beeinflussenden Kulturen wird der Begriff »Interdependenzkultur« bewusst geprägt, um sich abzugrenzen und neu zu positionieren.

Teil B des Buches wendet die kritische Analyse des Teils A in eine positive Darstellung zur möglichen Veränderung der kritisierten Verhältnisse. Die Wissenschaft hat zwar zunächst das Recht, gesellschaftliche Verhältnisse zu analysieren, und auch die Pflicht, diese zu kritisieren, ohne gleich darzulegen zu müssen, wie alles besser sein könnte und müsste. Doch in meinem eigenen gesellschaftspolitischen Selbstverständnis geht es in diesem zweiten Teil B der Streitschrift auch um die Entwicklung konstruktiver Alternativvorschläge

Aus diesem Grunde wird im vierten Kapitel kritisch mit dem Konzept des Multikulturalismus umgegangen, im fünften Kapitel wird als »Leitidee« die Rechtskultur als allein verbindlicher gesellschaftspolitischer Maßstab eingeführt, um dann im abschließenden sechsten Kapitel im Sinne der anfänglichen Figurationsanalyse eine umgekehrte Figurationspolitik oder Interdependenzpolitik zwischen Mehrheit und Minderheiten konkret auszugestalten.

Kapitel IV

Multiethnizität und Interdependenzkultur

Fiktiver Prolog IV: Herr Intermann

Herr Juan Intermann *stammt aus einer bi-nationalen Ehe, seine Mutter ist* Spanierin, *die ihren deutschen Ehemann im Urlaub am Strand der Costa del Sol kennen gelernt hat, als sie dort an der Rezeption gearbeitet hat. Er hat die spanische Europa-Schule in Berlin besucht und ist im Prinzip zweisprachig aufgewachsen. Er hat einen relativ großen internationalen Freundeskreis.*

Nach der Schule hat er Betriebswirtschaft zuerst in Deutschland studiert und mit dem Bachelor abgeschlossen. Danach hat er noch zwei Semester an der amerikanischen *Harvard Business School studiert und das Studium mit einem Master erfolgreich beendet. Jetzt hat er eine Stelle in der Marketingabteilung eines bekannten multinationalen Konzerns, der als Global Player weltweit agiert. Wegen seiner faktischen Dreisprachigkeit ist er sehr flexibel einsatzfähig und muss daher oft ins Ausland reisen.*

Der jungdynamische Manager Intermann *hat bei seinem Arbeitspensum von fünfzig bis sechzig Stunden pro Woche wenig Zeit, sich selbst zu versorgen. Deshalb fährt er bereits morgens mit seinem* englischen *»Jaguar« zur* amerikanischen *Imbisskette »McDonalds«, um dort einen »Hamburger« zu frühstücken. In dieser Zeit hat er bereits seine ersten Telefonate über das immer einsatzbereite »Handy« getätigt, so unter anderem mit seiner* schwedischen *Lebenspartnerin Annika, die er beim Studium in den* USA *kennen gelernt hat und die zur Zeit in d*en Niederlanden *als Leiterin einer international tätigen Schweizer Bank arbeitet. Beide führen sie eine Wochenendlebenspartnerschaft.*

Übrigens trägt er stets Designer Kleidung von Armani, die er in einer teuren italienischen *Boutique kauft. Zum Mittagessen geht er in das* italienische *Schnellrestaurant »Due Ragazze« an der Ecke im »Shopping Center« und isst dort eine »Pizza alla quattro stagioni«, trinkt ein Glas »Chianti« und zum Abschluss noch einen »Cappuccino«. Abends geht ist er mit einem* französischen *Geschäftspartner in die Oper, um sich bei La Traviata von Verdi zu entspannen. Anschließend gehen Beide noch in das* chinesische *Restaurant »Zhong Guo« und essen dort eine Frühlingsrolle und eine Pekingente süß-sauer.*

Herr Intermann lebt mit drei Identitäten: erstens fühlt er sich als »global man«, der in vielen Ländern der Welt arbeiten und leben könnte, zweitens fühlt er sich sehr mit seiner Heimatstadt Berlin verbunden, und drittens lebt er mit der deutschen und der spanischen Kultur, was sich an seiner knappen Freizeit in Bezug auf seine Vorliebe für Bücher und Musik zeigt.

Stellt Herr Intermann also den typischen Vertreter zur Beschreibung des multiethnischen Alltags in Deutschland dar?
Ja und *nein* lautet wohl die Antwort, denn zwei sozialstrukturelle Faktoren bestimmen noch immer die Unterschiede in den jeweiligen sozialen Alltagen der Deutschen:

- erstens die jeweilige soziale Schicht und der berufliche Kreis, in dem die/der Einzelne verkehrt, und
- zweitens die regionalen Unterschiede zwischen Großstadt und Kleinstadt bzw. Land und zusätzlich West- oder Ostdeutschland.

Das bedeutet anders gesagt:

- Je ländlicher und »östlicher« Deutschland ist, desto »monokultureller« ist das Verhalten insbesondere der Menschen der Unterschicht – zumindest tendenziell bzw. umgekehrt:
- je großstädtischer und »westlicher« Deutschland ist, desto »multikultureller« ist das Stadtbild und verhalten sich die EinwohnerInnen.

Diese real existierende Multiethnizität in der deutschen Gesellschaft lässt sich anhand zahlreicher sozioökonomischer Indikatoren nachweisen.

Der Fremde – zwischen Neugierde und Angst

Der Begriff »Multikulti« ist für viele Menschen aufgrund der rechtslastig-nationalen Debatte inzwischen schon negativ belegt, denn die konservativen Politiker kleben noch immer an einem dumpfen Begriffsvorstellung von Deutschland als Kulturnation. Daher bevorzuge ich den soziologischen Begriff »Multiethnizität«, da er erstens politisch unbelastet ist und nicht wie »Multikulti« ein beliebiges Nebeneinander der Kulturen suggeriert.

Ausländer raus oder rein?
Mitte der neunziger Jahre des 20. Jahrhunderts auf dem Höhepunkt rechtsextremistischer Gewalttaten und der gesellschaftspolitischen Debatte »Das Boot ist voll« wurde ein »alternatives Ausländer-Plakat« als Reaktion und Antwort zur rechten Parole »Ausländer raus!« gedruckt, auf dem der beziehungsreiche Satz stand: »*Liebe Ausländer, bitte bleibt hier, lasst mich nicht mit den Deutschen allein!*«

Ist das Leben nur unter Deutschen nicht »ertragbar«, also langweilig und dröge? Sicherlich ist das so falsch, aber eine »kulturell-einheitlich-deutsche« Gesellschaft ist sicherlich eintöniger, weniger facettenreich, ärmer in ihrem kulturellen und sozialen Vielfalt. Ist jedoch – anders gefragt – das Fremde immer nur Freude und Bereicherung des gesellschaftlichen Lebens?

Der Fremde
Bereits der deutsche Soziologe Georg Simmel hat in seinem vielzitierten Aufsatz *Der Fremde* von 1908 dialektisch philosophiert (Simmel 1908/1987: 63):

> »Es ist hier also der Fremde nicht ... als der Wandernde, der heute kommt und morgen geht, sondern als der, der heute kommt und morgen bleibt – sozusagen der potenziell Wandernde, ... Denn das Fremdsein ist natürlich eine ganz positive Beziehung, eine besondere Wechselwirkungsform.«

Die Begegnung mit dem »Fremden« führt bei vielen Einheimischen häufig zu einer ambivalenten Haltung. Der Alteingesessene empfindet gegenüber dem Fremden zunächst eine Art Euphorie, die aber später oft durch einen Kulturschock abgelöst wird:

- Einerseits begegnet der Einheimische dem Fremden zunächst mit großer Neugierde, naiver Faszination, freudigem Erstaunen, vorbehaltsloser Bewunderung und grenzenloser Sympathie für das »Anders-Leben-Können«. Man empfindet Bewunderung für das illusionsreiche angebliche »Dolce Vita« bei den Urlaubsreisen in den Ländern der mediterranen Völker, für deren Lebenseinstellung »erst leben, dann arbeiten«, für das Umherziehen der Roma und Sinti, oder allgemein für die Chance, »anders« leben zu können. Der Fremde wird zunächst in der Wahrnehmung euphorisch idealisiert.
- Andererseits erlebt der Einheimische aber auch bald in seiner Selbstwahrnehmung das Gefühl des »In-Frage-gestellt-werdens«, der Verunsicherung eigener Lebensstile bin hin zu Bedrohung und Angst, die unter Umständen in Aggression umschlagen kann. Georg Simmel hat diese Ambivalenz auf den Punkt gebracht:

  > »Der Fremde ist uns nah, insofern wir Gleichheiten nationaler oder sozialer, berufsmäßiger oder allgemein menschlicher Art zwischen ihm und uns fühlen; er ist uns fern, insofern diese Gleichheiten über ihn und uns hinausreichen und uns beide nur verbinden, weil sie überhaupt sehr Viele verbinden.« (Simmel 1908/1987: 63)

Der Fremde ist uns anscheinend nah, kommt uns weniger fremd vor, wenn wir mit ihm in gemeinsamen Wertvorstellungen übereinstimmen, d.h. wenn wir uns mit seiner Lebenswelt identifizieren können. Dagegen ist uns der Fremde fern, wenn die wertpolitischen Vorstellungen kaum übereinstimmen, wenn ein Dialog mit dem Fremden schwierig wird. Das Gespräch mit dem Fremden bzw. des Fremden mit uns scheitert noch oft in Europa an den Sprachenbarrieren. Trotz Tourismus, Internet und Medien sind die mangelnden Sprachkenntnisse der Europäer auffällig. Das liegt an der schlechten Sprachausbildung in den Schulen und an den Medien, die kaum fremdsprachliche Sendungen bringen. Nur die kleinen Völker wie Finnen, Dänen, Niederländer, Norweger, Schweden beherrschen meistens Englisch relativ gut. Laut einer Statistik der EU-Kommission sprechen von je hundert EU-Bürgern neben ihrer Muttersprache Englisch 41, Französisch 19, Deutsch 10, Spanisch 7 und Italienisch 3. Für fast alle Europäer ist heute Englisch die erste Fremdsprache im Schulsystem.

Erfindung Gastarbeiter statt Fremdarbeiter

In diesem Diskussionszusammenhang ist die etymologische Herkunft des Wortes »Gast« spannend. Es leitet sich von der indoeuropäischen Wurzel »*ghostis«[21]=»Fremder« ab:

> »Dies bezeichnet also sowohl den friedlich sich nähernden Fremden, dem Schutz, Unterkunft, Bewirtung gewährt wird, als auch den mit kriegerischen Absichten ins Land fallenden Fremden, den Feind.« (Pfeifer 1993: 400)

Aus dem *ghostis hat sich im Lateinischen der »negative« Sinn entwickelt, denn »hostis« bedeutet weniger Fremder, sondern eindeutig »Feind« im Sinne von (a) Staatsfeind oder (b) erbitterter Feind in Privatverhältnissen. Daraus leitet sich Französisch »hostilité« und Englisch »hostility« ab, beide Wörter bedeuten Feindschaft.

Dagegen hat sich aus diesem *ghostis in den germanischen und slawischen Sprachen die erste Bedeutung durchgesetzt, wenn man an den Sinngehalt denkt: Deutsch »Gast«, Englisch »guest«, Schwedisch »gäst«, Russisch »gost«, Polnisch »gość« und Serbokroatisch »gost«. Um das Stammwort »Gast« hat sich in der deutschen Sprache eine umfangreiche Wortfamilie gebildet.

Schließlich taucht als schöpferische Erfindung in der Nachkriegszeit der Bundesrepublik das Wort »Gastarbeiter« auf.

Homo migrans / Transmigration

In der Diskussion um Migration wird immer statisch auf die Zahl der in Deutschland wohnenden Migranten oder Zuwanderer gestarrt. Aber Migration heißt Zu- und Abwanderung, d.h. es lässt die Entscheidungsfrage offen, ob man endgültig im Lande bleiben will. Das nachstehende Schaubild zeigt zwar massive Zuzüge, aber gleichzeitig auch wieder eine große Zahl von Fortzügen. Meistens bleibt ein Plus an Zuwanderung in Deutschland, aber z.B. im Jahre 1997 war die Wanderungsbilanz sogar negativ.

---

21 Der * (Stern) vor dem ghostis bedeutet, dass die indoeuropäische Wurzel aus den anderen vielen Nachfolgesprachen dieser Sprachfamilie als Urwort zurückerschlossen worden ist. Schriftliche Quellen gab es vor dreitausend Jahren noch nicht.

Wanderungsbilanz			
Jahr	**Zuzüge**	**Fortzüge**	**Saldo**
1991	925.350	497.540	+ 427.810
1992	1.211.350	614.960	+ 596.390
1993	989.850	710.660	+ 279.190
1994	777.520	629.280	+ 148.240
1995	792.700	567.440	+ 225.260
1996	707.950	559.060	+ 148.890
1997	615.300	637.070	– 21.770
1998	605.500	638.960	– 33.460
1999	673.870	555.640	+ 118.230
2000	649.250	562.790	+ 86.460
2001	685.260	496.990	+ 188.270
2002	658.341	505.572	+ 152.769
2003	601.759	499.063	+ 102.696
2004	N.N.	N.N.	N.N.

Quelle: Beauftragte der Bundesregierung für Migration, Flüchtlinge und Integration 2004: Strukturdaten der ausländischen Bevölkerung

Deutschland ist multiethnisch

Trotz des sich hinhaltenden konservativen Widerstandes gegen eine ausländerfreundliche offene Politik ist die Bundesrepublik Deutschland schon lange keine monokulturelle Gesellschaft mehr. Das zeigt sich an zahlreichen deutlich erkennbaren, aber auch im öffentlichen Raum sichtbaren Merkmalen oder den nachstehenden multiethnischen Indikatoren. Multiethnizität bestimmt unseren Alltag mit.

Das Bayern München-Prinzip oder die multiethnische Bundesliga

Fast alle Deutschen, zumindest fast alle deutschen Männer lieben den Fußball. Und hier zeigt sich der multiethnische Alltag jeden Samstag auf den Spielfeldern der Bundesliga.

Im Strafraum der Bayern nimmt der Abwehrspieler Lucio (Lucimar da Silva Ferreira) aus Brasilien (1) dem gefährlichen Gegner den Ball ab und spielt ihn zunächst dem anderen Abwehrspieler Willy Sagnol aus Frankreich (2) zu. Dieser gibt ihn auf Owen Hargreaves aus Kanada (3), der in der Abwehr ausgeholfen hat. Nun läuft die Sturmmaschine der Bayern an. Der Ball wird mit einem Querpass zum Mittelfeldspieler Hasan Salihamidzic aus Bosnien (4) gespielt, der den Ball weiter an den freistehenden Zé Roberto aus Brasilien (5) weitergibt. Dieser gibt eine wunderbare steile Vorlage auf den rechten Flügel, dort läuft der Mittelfeldspieler Ali Karimi aus dem Iran (6) in den freien Raum und gibt eine Flanke in den Torraum, dort nimmt der Stürmer Roy Rudolphus Anton Makaay aus den Niederlanden (7) den Ball, sieht seinen mitlaufenden Nebenspieler, den Stürmer Claudia Pizarro aus Peru (8), und der schießt auf das Tor, aber der gegnerische Torwart wehrt mit seinen Fäusten den Ball ab, der allerdings auf den Fuß des Stürmers Rogue Santa Cruz aus Paraguay (9) fällt. Dieser stoppt ihn, kurzer Pass auf den freistehenden Stürmer José Paolo Guerrero aus Peru (10), der ihn unhaltbar zum 3:2 einschießt. Bayern München geht wieder in die Führung, d.h. die multiethnische Mannschaft ist wieder auf dem besten Wege, zum 20. Mal Deutscher Fußballmeister zu sein. Diese Spielkombination ist einzig und allein von den zehn ausländischen Fußballspielern ausgeführt worden. Der bayerische Star und Kapitän der Mannschaft, der deutsche Michael Ballack, ist zur Zeit verletzt. Einziger deutscher Spieler ist der Torwart Oliver Kahn.

Was wäre der Verein Bayern München ohne seine im Ausland gekauften Spieler? Durchschnitt, aber man hat genug Geld, (fast) alle Spieler auf dem Fußball-Sklavenmarkt zu kaufen. Als Vorsitzender des Verwaltungsbeirates FC Bayern München e.V. sitzt Herr Dr. Edmund Stoiber, CSU-Ministerpräsident in Bayern, immer einträchtig neben Franz Beckenbauer, der seine Steuern in Österreich zahlt. Multikulti im Fußball *ja*, aber nicht als politisches Parteiprogramm der CSU.

Laut Information der Website (www.bundesliga.de/intern/hilfe) des Deutschen Fußballbundes gibt es in der Spielzeit 2005/2006 insgesamt 834 Lizenzspieler: 440 in der 1. Bundesliga und 394 in der 2. Bundesliga. In der 1. Bundesliga liegt der Ausländeranteil bei 43 Prozent: 151 Europäer und

40 Nicht-Europäer stehen unter Vertrag. In der 2. Bundesliga liegt der Ausländeranteil bei 37 Prozent: 119 Europäer und 28 Nicht-Europäer (Stand 6.09.2005).

In der Fußballsaison 2004/05 setzte Eduard Geyer, der Trainer von Energie Cottbus, zum ersten Mal in der Geschichte der Fußball-Bundesliga elf ausländische Spieler ein, und das im »ausländerfreundlichen« Brandenburg. Aber es geht um Fußball und nicht um ein multikulturelles Zusammenleben, oder?

Obgleich die multiethnische Gesellschaft in vielen Lebensbereichen Alltag ist (vgl. weiter unten 4.3.), wird sie gesellschaftspolitisch noch immer nicht mehrheitlich von der Bevölkerung und von der Politischen Klasse akzeptiert, denn der »Fremde« erweckt anscheinend sowohl Neugierde als auch Angst.

Multiethnische Bevölkerungsstruktur

Der Anteil der sog. Nicht-Deutschen an der Gesamtbevölkerung steigt. Die Zahl der in Deutschland lebenden Menschen mit Migrationshintergrund liegt schätzungsweise bei ca. zehn Millionen, das sind rund ca. 12 % der Gesamtbevölkerung. Nicht der deutsche Pass ist entscheidend, sondern das Herkunftsland und der »andere« sozioethnische Hintergrund.

Obgleich es bis zum Ende der Ära der Regierung Helmut Kohl (1983-1998) 16 Jahre politisch hartnäckig geleugnet wurde, ist die Bundesrepublik Deutschland faktisch ein Einwanderungsland geworden, ob es den konservativen Politikern nun passt oder nicht. Sie selbst haben dazu beigetragen, als sie großzügig im Sinne des »ius sanguinis« (Blutabstammungsrecht) mehr als ca. drei Millionen sog. Wolgadeutsche, also russische Bürger mit deutscher Abstammung ins Land ließen. Diese zählen mit ihrem deutschen Pass in der Statistik als deutsche Staatsangehörige. Aber aufgrund ihrer großen Anpassungsschwierigkeiten zählen sie soziologisch zu den ca. elf Millionen Personen mit Migrationshintergrund, aber tauchen in der offiziellen Ausländerstatistik nicht auf.

Ende 2004 lebten laut Statistischem Bundesamt 6,7 Millionen Ausländer in Deutschland, und zwar folgender ethnischer Herkunft (in der Reihenfolge ihrer Größenordnung).

Ethnische Zugehörigkeit nicht-deutscher Bürger in der Bundesrepublik

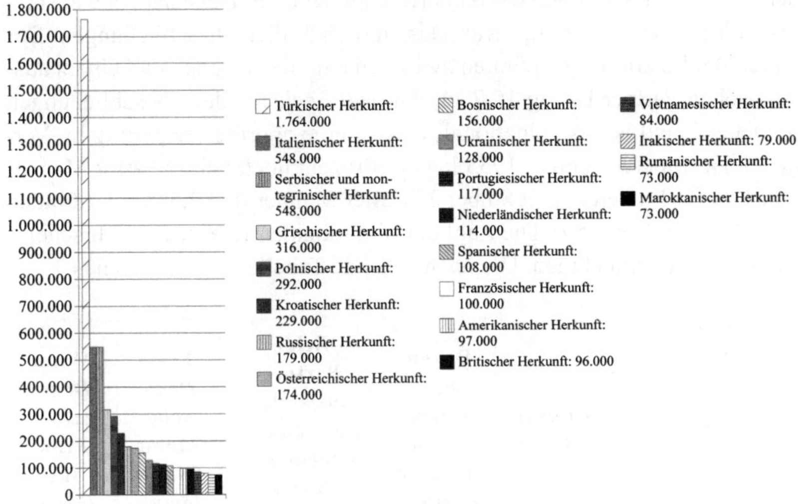

In diesen Zahlen sind nicht mehr die Bürger genannt, die inzwischen die deutsche Staatsbürgerschaft erworben haben, sich selbst aber als deutsche Türken oder italienische Deutsche ihrem Selbstverständnis nach definieren. Dies Zahlen sind aus zwei Gründen problematisch, denn erstens sind die zugewanderten, von ihrer Mentalität her gesehen eher russisch als deutschen Russlanddeutschen nicht berücksichtigt und zweitens werden umgekehrt viele lang eingesessene Ausländer/innen, die sich schon mehr als »Deutsche« denn als jeweils Türke, Kroate, usw. fühlen, hinzugerechnet.

Daher kommt man rechnerisch auf fast elf Millionen ethnisch »nichtdeutscher Herkunft«, was also mehr als 13 % der Gesamtbevölkerung ausmacht. Weiterhin ist festzustellen, dass 34 % der Zuwanderer 20 Jahre und mehr in Deutschland zuhause sind.

Binationale Ehen und Einbürgerungen

Im figurativen Sinne von multiethnischer Interdependenzkultur sind die empirischen Indikatoren ein Beleg dafür, dass sich Mehrheit und Minderheit aufeinander zu bewegen.

Ein spannender Indikator in Bezug auf Multiethnizität ist der zunehmende Grad der zwischennationalen Heiratsverflechtungen. Im Jahre 2003 wurden 70.766 Eheschließungen registriert, an denen mindestens ein/e ausländische/r Partner/in beteiligt war. Das sind 18,5 aller Eheschließungen. Der Anteil der binationalen Heiraten zwischen einem deutschen und einem ausländischen Partner betrug 15,7 %, d.h. jede sechste aller Eheschließungen in Deutschland ist also binational. Das ist eine enorme Steigerung im Vergleich zu früheren Jahren: 1955 lag der Prozent noch bei 0,5 % für Männer und 1 % für Frauen und 1980 bei 2 % aller Männer und 2,5 % aller Frauen (vgl. Kaelble 1997: 59). Die Zahl der bi-nationalen Ehen wird wahrscheinlich kumulativ zunehmen. Die nachstehende Tabelle zeigt die Trends:

Jahr	**insges.**	**Zwischen Deutschen**	**Davon mit einem ausländischen Partner**	**Beide Partner Ausländer, aber unterschiedliche Staatsangehörigkeit**	**Frau *Deutsche* Mann *Ausländer***	**Mann *Deutscher* Frau *Ausländer***
1991	454.291	402.825	51.466	4.563	24.148	19.807
1996	427.297	357.073	70.224	8.065	27.907	29.637
1997	422.776	348.939	73.837	7.889	30.198	31.187
1998	417.420	346.835	70.585	6.825	27.402	31.827
1999	430.674	360.556	70.118	6.856	26.234	32.336
2000	418.550	345.477	73.073	4.868	27.323	33.839
2001	389.591	317.496	72.095	4.513	25.186	35.501
2002	391.963	318.244	73.719	4.440	26.057	36.411
2003	382.911	312.145	70.766	4.404	25.015	35.183

Quelle: Beauftragte der Bundesregierung für Migration, Flüchtlinge und Integration 2004: Strukturdaten der ausländischen Bevölkerung

Aus diesen Zahlen lassen sich folgende Trends ablesen:

- Die Zahl der binationalen Eheschließungen nimmt kontinuierlich, verursacht durch die »Enthaltsamkeit« der Deutschen, zu.
- Die deutschen Männer heiraten zunehmend ausländische Frauen – in dreizehn Jahren ist die Quote um 78 % gestiegen –, während umgekehrt

die deutschen Frauen ungefähr die gleiche Anzahl ausländischer Männer geheiratet haben.

– Bemerkenswert auch die Zahl binationaler Ehen, in denen beide Partner Ausländer sind.

Die zehn häufigsten Nationalitäten deutsch-ausländischer Eheschließungen:

Eheschließungen nach den zehn häufigsten Staatsangehörigkeiten im Jahre 2003

Rang	Deutscher Mann heiratet Frau aus	Anzahl	Rang	Deutsche Frau heiratet Mann aus	Anzahl
1	Polen	5.371	1	Türkei	5.564
2	Russland	2.545	2	Serbien	2.073
3	Thailand	2.535	3	Italien	2.073
4	Rumänien	2.229	4	Vereinigte Staaten	1.353
5	Ukraine	1.073	5	Polen	946
6	Türkei	1.850	6	Niederlande	672
7	Serbien	981	7	Österreich	828
8	Italien	946	8	Großbritannien	804
9	Österreich	805	9	Griechenland	492
10	Frankreich	524	10	Russland	491

Quelle: Migrationsbericht der Bundesregierung 2004

Bemerkenswert ist die andere Rangfolge von deutschen Männern im Vergleich zu deutschen Frauen, denn die deutschen Männer heiraten überwiegend Frauen aus Ost- und Südosteuropa und aus Thailand, während dagegen die deutschen Frauen Männer besonders aus der Türkei und dann aus Serbien, Italien und den USA bevorzugen.

Hier ließe sich ausführlich über Erwartungen und Abhängigkeiten reden. Bei einer Zeitreihenanalyse würde man die politische Veränderungen in Europa erkennen, denn vor dem Zusammenbruch des Ostblocks war der Zugang zum Heiratsmarkt verwehrt. 1960 standen amerikanische Männer an der Spitze der Heiratsskala.

Einbürgerungen

Wer die deutsche Staatsbürgerschaft erwirbt, sich also einbürgern lässt, gibt der Mehrheitsgesellschaft das Signal, dass er/sie sich klar entschieden hat, zu bleiben. Er/sie will unbedingt dazu gehören. Waren es 61.709 Einbürgerungen im Jahre 1994 stieg die Zahl in den neunziger Jahren stetig und erreichte mit 186.688 deutschen Neubürgern ihren Höhepunkt im Jahre 2000. Inzwischen ist sie wieder rückläufig. 2003 waren von 140.731 Einbürgerungen:

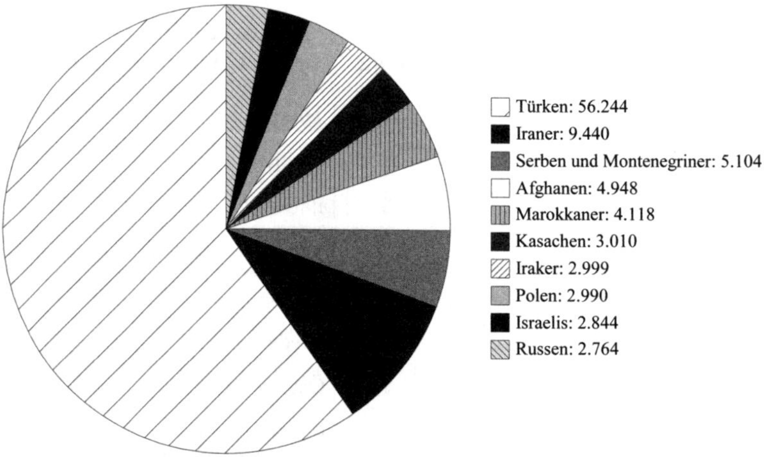

Im Zeitraum von 1981 bis 2003 wurden knapp 1,5 Millionen Ausländer zu deutschen Staatsbürgern.

Ethnische Infrastruktur

Das Straßenbild ist durch die »Nicht-Deutschen« und deren Aktivitäten »bunter« geworden: Andere Hautfarben, Kopftücher, Kaftane und »exotische« Kleidungen, aber auch ethnische Lokale und Restaurants, ethnische Vereine, Moscheen – wenn auch noch eher per Schild für den Zugang zum Hinterhof – bis hin zu Banken haben das Stadtbild in vielen deutschen Städten, besonders in den Großstädten verändert. Die plurale ethnische Infrastruktur ist nicht zu übersehen.

Ethnische Ökonomie

Empirische Untersuchungen zeigen, dass in der Bundesrepublik Deutschland inzwischen eine umfangreiche ethnische Ökonomie (vgl. Şen und Sauer 2005) entstanden ist. So gibt es rund 61.000 türkischstämmige Unternehmen, davon allein in Berlin 6.000 türkische Migranten, die so ihren Lebensunterhalt als Selbstständige verdienen. Der Schwerpunkt der Unternehmen liegt im Einzelhandel (26,5 %), im Dienstleistungssektor (23,5 %) und in der Gastronomie (19,2 %). Dienstleistungen sind alles von der Gebäudereinigung über Taxiunternehmen und Kosmetikinstituten bis hin zu Anwälten und Ärzten. Die Vielfalt der ethnischen Ökonomie spiegelt sich z.B. in Berlin in einem 336 Seiten umfassenden *Is Rehberi. Altin Sayfalar* wider, zu Deutsch: ein Branchenbuch, die Gelben Seiten, für die türkische Community. Wenn auch mindestens die Hälfte des Branchenbuches Reklame ausmacht, so lassen sich doch aus den insgesamt 120 (!) Stichworten folgende informative Aufzählungen für das türkische Berlin dokumentieren: 23 Moscheen, 36 Vereine, davon zehn Frauenvereine, 13 Kulturvereine, zwölf Sportvereine, des weiteren 32 Rechtsanwälte, sieben Banken, ein Bad/Hamam, 26 Ärzte (Allgemeine Medizin) und noch eine Vielzahl von Spezialisten, mindestens 200 Imbissstuben- und -hallen, mindestens 60 Restaurants sowie für die Versorgung aller dieser Restaurants, Imbissstuben und so weiter 34 Firmen für Dönerproduktion.

Esskultur

Am auffälligsten lässt sich wahrscheinlich die ethnische Vielfalt an den veränderten Essgewohnheiten der Deutschen festmachen. Die Esskultur ist durch die zahlreichen ausländischen Restaurants und ihrer mitgebrachten Küche doch sehr bereichert worden. Die italienische, chinesische und jugoslawische Küche sind heute bei den Deutschen am beliebtesten. Wer kennt und genießt nicht folgende Gerichte: Pizza Quattro Stagioni, Lasagne, Peking-Ente süß-sauer, Cevapcici, Frühlingsrolle, Pola-Pola, usw.

Medienkultur

Abgesehen von der deutschen Volksmusik ist das Fernsehen schon relativ stark globalisiert. In Bezug auf den Einfluss von Hollywood-Filmen ist Deutschland mit am stärksten »amerikanisiert« – zumindest im europäischen Vergleich (vgl. Barlnaves et al. 2001: 38). Unter den erfolgreichsten zehn Filmen, die in Deutschland gezeigt wurden, gab es im Jahre 1998 keinen einzigen europäischen, dagegen z.B. in Frankreich, Großbritannien, Polen und Schweden zwei Filme. Der Marktanteil nach Herkunft des Films und Anteil am Kartenverkauf für Filme aus den USA ist in Deutschland von 66 % im Jahr 1989 auf 85 % im Jahr 1998 gestiegen. Das wird nur noch von den Niederlanden mit 90 % und Großbritannien mit 86 % übertroffen, dagegen liegt er in Italien nur bei 65 %.

Die Lebenswelt der türkischen Minderheit in Deutschland wird bereichert durch sieben Zeitungen (*Hürriyet, Milliyet, Türkiye, Dünya, Zaman, Cumhuriyet, Milli Gazete*). Die ersten fünf haben eigene Redaktionsbüros in Deutschland. Daneben gibt es fünf Zeitschriften (*Birlik, Merhaba, Eura Türk, Eura Gida* und *Haftalik Posta* – alle mit Büros in Deutschland), sechs Fernsehkanäle (*TD1, TGR, Kanal 7, Kanal D, TRT-Int* und *TV 8*) und einen Radiosender (*Metropol*).

In Deutschland erscheinen ungefähr fünfzehn russischsprachige Zeitungen, in Berlin zwei Wochenzeitungen: *Russkij Berlin* und die Illustrierte *Nowaja Berlinskaja Gaseta.*

Ethnische Exklusionsprozesse in Deutschland

Seit längerem werden in der Bundesrepublik Deutschland neue Feindbilder aufgebaut, die sich in Schlagwörtern vom »islamischen Fundamentalismus«, von den »ethnischen Ghettos oder ethnischen Kolonien« oder von der »Überfremdung« ausdrücken. Ethnische Minderheiten haben unter sich ein starkes Wir-Gefühl zur Zusammengehörigkeit entwickelt, das sich zu einer »ethnischen Zeitbombe« verdichten kann, wenn große Teile der Minderheiten von dem sozialen Aufstieg in der Mehrheitsgesellschaft ausgeschlossen werden oder sind oder zumindest ihre soziale Lage als »Ausgeschlossen-Sein« wahrnehmen. Einige soziale Indikatoren belegen diese Tendenz zur sozialen Exklusion, zum gesellschaftlichen Ausschluss.

Exklusionsindikator 1: Keine Schulbildung

Das derzeitige Schulsystem ist nicht in der Lage, die Mehrheit der ausländischen Kinder und Jugendlichen in dem »Bildungsfahrstuhl« mit nach »oben« zu befördern. Der größte Teil bleibt »unten«, d.h. diese Schüler/innen verlassen die Schule ohne einen Abschluss, so dass sie keine Chance haben, über eine Lehrstelle einen Beruf zu erlernen. Allerdings ist die nachstehende Statistik mit Vorsicht und soziologischer Zurückhaltung zu interpretieren, denn ein schlichter Vergleich »deutsch versus nicht-deutsch« berücksichtigt nicht die soziale Herkunft. Da die Mehrheit der ausländischen Einwanderer zur Unterschicht zählen, sind sie natürlich auch dort stärker vertreten. Ein Vergleich deutsche versus ausländische Unterschicht ergäbe einen nicht ganz so großen Unterschied.

Von je 100 Schulabgängern haben einen Abschluss

Grad des Schulabschlusses	**Deutsche**	**Ausländer**
Keinen Hauptschulabschluss	8	20
Hauptschulabschluss	24	41
Realschulabschluss	41	29
Allgemeine oder Fachhochschulreife	26	11
Grad des Schulabschlusses	**Mädchen**	**Jungen**
Keinen Hauptschulabschluss	7	12
Hauptschulabschluss	22	29
Realschulabschluss	42	38
Allgemeine oder Fachhochschulreife	29	22

Quelle: Statistisches Bundesamt für das Schuljahr 2001/2002

Von je 100 Erwerbstätigen in Deutschland haben keinen beruflichen Abschluss

Männer	**Ethnische Gruppe**	**Frauen**
71	Türken	74
70	Portugiesen	84
69	Griechen	74
65	Italiener	67
58	Jugoslawen	68
52	Spanier	53
50	Mittel- und Osteuropäer	51
24	Zum Vergleich Deutsche	27

Quelle: Statistisches Bundesamt für das Schuljahr 2001/2002

Exklusionsindikator 2: Kein Arbeitsplatz
Aufgrund des Wandels von der Industriegesellschaft zu einer Dienstleistungsgesellschaft braucht man heutzutage weniger gering Qualifizierte für die Industrie als zu Beginn der Gastarbeiteranwerbung seit 1956. Die große Mehrheit der ausländischen Arbeitskräfte hat keinen beruflichen Abschluss und damit weniger Chancen auf dem Arbeitsmarkt.

Exklusionsindikator 3: Ethnische Segregation
In Deutschland gibt es zwar (noch) keine rein ethnischen Wohn und Lebensviertel wie in den USA und keine Stadtteile, in denen die Polizei sich nachts nicht hineintraut wie z.B. in einigen »arabischen« Vororten von Paris, aber die »ethnische Sprengkraft« wird vollkommen unterschätzt.

Exklusionsindikator 4: Mangel an politischer Mitentscheidung
Die Zahl der Ausländer in den politischen Parteien oder selbst nach Einbürgerung in den deutschen Parlamenten ist sehr gering im Vergleich zu ihrem zwölfprozentigen Anteil an der Gesamtbevölkerung. Sie sind praktisch nicht vertreten und wenn dann nur stellvertretend von den Deutschen.

Multikulturalismus oder Multiethnizität?

Multikulturalismus im vornationalen Raum
Heutzutage leben wir weltweit alle (noch) in Nationalstaaten, die zwar aufgrund der Globalisierung und supranationaler Zusammenschlüsse – wie z.B. die Europäische Union – rasant an Bedeutung verlieren, aber zumindest für die meisten Menschen noch immer der entscheidende Bezugspunkt sind, wie u.a. Nationalmannschaften bei Welt- und Europameisterschaften im Fußball oder bei der Frage der Zugehörigkeit, wenn man sich im Ausland aufhält.

In der vornationalen Staatenbildung spielte die ethnische Zugehörigkeit an sich kaum ein Rolle, denn die ethnischen Gruppen sind relativ geschlossene Einheiten mit einer gewissen inneren Autonomie gegenüber der dominierenden Zentralmacht. Beispiel: das Millet-System des Osmanischen Reiches (1445-1918). Die christlichen Armenier, die orthodoxen Griechen, Bulgaren, Rumänen und Serben, die Juden usw. lebten in ihren eigenen Gemeinden mit begrenzter Autonomie; sie zahlten eine Sondersteuer, da sie keine Muslime waren, aber als Anhänger einer monotheistischen Religion respektiert wurden. Zwischen den ethnischen Gruppen gab es klare Trennungslinien, z.B. Heiratsverbot. Trotz vierhundertjähriger osmanischer Oberherrschaft auf dem Balkan konnten so die Serben, die Bulgaren, die Rumänen und die Albaner ihre jeweilige Religionen und ihre Sprachen bewahren. Es gab keinen direkten Assimilationsdruck oder -zwang in feudalistischen Staaten.

Multikulti-Diskussion

Seit Anfang der achziger Jahre ist das Thema »Multikulturalismus« auf der Tagesordnung der bundesdeutschen Öffentlichkeit, und zwar sowohl in der Politik und in den Medien als auch im akademischen Diskurs. Damit hat verspätet eine Diskussion begonnen, die in den klassischen Einwanderungsländern wie USA, Kanada und Australien schon viel früher geführt wurde. Im Anschluss an Birgit Rommelspacher (2002: 179-189) und Neubert/Roth/Yildiz (2002: 18-23) werden sechs Positionen zu Multikulturalismus unterschieden:

1. Multikulturalismus als Bedrohung

Die konservative Position geht von einem traditionell ethnisch-homogenen Nationenkonzept aus, das die deutsche Leitkultur und den Nationalstolz betont, etwa im Sinne der Botschaft der CSU, die lautet: »Bayern – weltoffen und ausländerfreundlich, aber nicht multikulturell« (zitiert nach Neubert/Roth/Yildiz (2002: 20). Multikulturalismus wird als »Vermischung« abgelehnt.

Als Gegenbegriff zu diesem konservativen Multikulturalismus wird oft von Integration und Assimilation gesprochen. Das Problem liegt hier wiederum in der Interpretation, was darunter zu verstehen ist. Hier einige gängige Vorstellungen:

- Integration in die deutsche Gesellschaft heißt Anpassung an die deutsche Kultur, also doch so etwas wie »Zwangsgermanisierung«?
- Integration bedeutet irgendeine Form von Mischung, aber welcher?
- Integration ist Eingliederung in das Ganze. Was ist das Ganze?

Kritik: Die Position – *Multikulturalismus als Bedrohung* – geht einseitig von dem Verständnis und der Erwartungshaltung der Mehrheit in Bezug auf die Minderheit aus. Sie ist nicht nur fern der Realität der deutschen Gesellschaft, sondern geht von dem diffusen nationalistischen Gedanken einer deutschen Leitkultur aus.

2. Tolerant-pluralistischer Multikulturalismus

Diese Positionsvariante des Multikulturalismus sieht die Multikulturalität als Bereicherung für die eigene Mehrheitskultur durch die vielen Minderheitskulturen im Lande an. Dazu gehören solche kommunalpolitischen Initiativen wie das »Multikulturelle Amt« in Frankfurt am Main oder das »Interkulturelle Referat« in Köln. Diese Position wird auch weitgehend in der interkulturellen Pädagogik und der interkulturellen Sozialarbeit vertreten.
Kritik: Die zweite Position – *tolerant-pluralistischer Multikulturalismus* – geht einseitig von einer nicht hinterfragten Minderheit aus, deren Kultur an sich positiv zu werten ist. Sie ist in der Beschreibung kultureller Verschiedenheit naiv und berücksichtigt nicht die Interessen der Mehrheit, d.h. sie analysiert nicht figurativ im Sinne der wechselseitigen Interdependenzen.

3. Multikulturalismus als Chance zur Demokratisierung

Diese Position will eine auf Demokratie ausgerichtete Transformation der Gesellschaft auf der Grundlage von Multikulturalität, indem soziale Ungleichheiten und Diskriminierungen abgebaut und Einwanderergemeinschaften anerkannt und gefördert werden.
Kritik: Die dritte Position – *Multikulturalismus als Chance zur Demokratisierung* – geht einseitig und illusionär von Demokratisierung der kapitalistischen Gesellschaft aus

4. Radikal-universalistischer Multikulturalismus

Diese radikal-universalistische Position wird in der BRD vor allem von Frank-Olaf Radtke 1994 vertreten. Sie verteidigt das Projekt der Aufklärung, indem sie das egalitäre Prinzip für den politischen und sozioökonomischen Status für prägend hält. Kultur wird als Beschreibungskategorie in der Gesellschaftsanalyse abgelehnt.
Kritik: Die vierte Position – *radikal-universalistischer Multikulturalismus* – geht einseitig von der Aufklärungsverständnis der Mehrheit aus, ohne wenigsten ansatzweise kulturelle Minderheitsvorstellungen in Bezug auf Werte und Normen zu berücksichtigen.

5. Lebenspraktischer Multikulturalismus

Diese Position geht von einer »Binnenperspektive« des Alltagslebens aus, aus der heraus Multikulturalität rekonstruiert wird, die nur auf der Grundlage egalitär organisierter Gesellschaftsstrukturen möglich ist. Es ist keine »Gruppengesellschaft«, sondern eine Gesellschaft, die auf einzelnen Individuen basiert.

Kritik: Die fünfte Position – *lebenspraktischer Multikulturalismus* – geht einseitig von einer rein individualistisch geprägten Gesellschaft aus, in denen mögliche soziale Prozesse von Selbst- und Fremdzuschreibungen von ethischer Gruppenzugehörigkeit nicht existieren.

6. Philosophisch orientierte Positionen

Diese letzte Position geht letztlich von der Anerkennung des Anderen als Grundlage für gesellschaftliche Beteiligung aus, denn das »Andere« und das »Eigene« seien nicht miteinander sozial und kommunizierbar.
Kritik: Die sechste Position – *philosophisch orientierte Positionen* – ist zu einseitig resignativ, da sie a priori gesellschaftliche Unvereinbarkeiten und Interdependenzen zwischen verschiedenen sozioethnischen Menschen bzw. Gruppen proklamiert.

Fazit: Alle bisherigen Positionen beleuchten zwar jeweils den einen oder anderen Aspekt der Multikulturalität der deutschen Gesellschaft, aber geben letztlich keine Antwort auf eine mögliche gesellschaftspolitische Alternative zur realen sozialen Wechselseitigkeit von Mehrheit und Minderheit. Alle Positionen betonen entweder einseitig die Ethnisierung gesellschaftlicher Prozesse oder lehnen sie als Analysekategorie ab. Die treffendste Kritik hat der französische Soziologe Alain Touraine getroffen, wenn er mit Recht feststellt:

> »La majorité ne reconnaît la minorité que si celle-ci reconnaît les droits de la majorité. ... L'hypothèse multiculturaliste absolue est aussi absurde que celle de l'homogénéité culturelle d'une ville ou d'un pays. Les relations interculturelles sont la seule réalité..[22]« (Touraine 2005: 247)

Diese notwendige Wechselseitigkeit wird im Anschluss an Norbert Elias (1897-1990) im sechsten Kapitel mittels der »multiethnischen Figurationsanalyse« als alternativer Theorieansatz entwickelt.

[22] Übersetzung: Die Mehrheit erkennt die Minderheit nur an, wenn diese die Rechte der Mehrheit anerkennt. ... Die absolute multikulturelle Hypothese ist ebenso absurd wie die der kulturellen Homogenität einer Stadt oder eines Landes. Die interkulturellen Beziehungen sind die einzige Realität ...

Vom Multikulturalismus zur Interdependenzkultur

Multikulturalismus ist kein geduldetes Nebeneinander von milieubedingten Parallelgesellschaften, sondern ist eine Ressource für die Mehrheitsgesellschaft und für die Minderheiten. Er entwickelt sich aufgrund der modernen Kommunikations- und Transportmöglichkeiten zu einem Prozess der Transnationalisierung.

Ethnizität

Der Begriff »Ethnizität« ist relativ neu im wissenschaftlichen Gebrauch und steht noch nicht im *Duden*. In ihm sind allerdings die Begriffe ethnisch, ethnischer Konflikt und ethnische Säuberung enthalten. Das Wort »ethnisch« leitet sich etymologisch von Griechisch »ethnos«=»zusammenlebende Menge, Schar, Stamm, Volk« ab. Wir kennen das Studienfach Ethnologie als vergleichende Völkerkunde. Ethnizität bedeutet zunächst, dass sich ein Mensch zu einer größeren Menschengruppe zuordnet, die sich durch historisch-kulturelle Gemeinsamkeiten untereinander verbunden fühlt. Sie haben ein sog. ethnisches Wir-Gefühl. Dieses ethnische Selbstbewusstsein entsteht aus der Figuration »Mehrheit & Minderheit«, d.h. es ist ein wechselseitiger Prozess in Folge der Stigmatisierung und der Ausgrenzung der Minderheit durch die Mehrheit und der selbstvollzogenen Ab- oder Eingrenzung der Minderheit von der Mehrheit. Es bleibt die alte Frage unbeantwortet, ob das Ei oder die Henne zuerst da war.

Multiethnizität als Ressource für Empowerment

»Multiethnizität« erzeugt zuerst Euphorie und Neugierde auf das Fremde, darauf folgt aber häufig ein Kulturschock, weil man nicht alles versteht, und dann dauert es eine Weile, bis sich – im besten Falle – eine gewisse Normalität einpendelt.

Mehrsprachigkeit

In vielen Regionen der Welt ist Mehrsprachigkeit eine alltägliche Realität. Erst die Erfindung des Nationalstaates und seine Umsetzung durch eine nationale Schulpolitik hat die Einsprachigkeit gefördert und wird als Nationalsprache stolz verkündet. Einige historische und aktuelle Beispiele verdeutlichen, dass es auch anders geht:

Osmanisches Reich: Im Osmanischen Reich wurden viele Sprachen gesprochen. Trotz vierhundertjähriger Herrschaft des Halbmonds auf dem Balkan oder auch in Anatolien konnten dort die eroberten Stämme bzw. Völker ihre Sprache weiterhin im Alltag sprechen und bis heute erhalten: Serben, Bulgaren, Griechen, Kurden, Armenier (bis zum Genozid 1915), Rumänen und Albaner. In einem Feudalstaat gab es keine nationale Sprachloyalität, sondern nur eine Loyalität der Untertanen gegenüber dem Sultan in Konstantinopel. Das hat genügt.

Zentralasien: Im zentralasiatischen Land Usbekistan wohnen Usbeken, Russen und Tadschiken. Wegen der sowjetischen Herrschaft und der weiterhin als Minderheit anwesenden Russen sind der größte Teil der Usbeken zweisprachig (Usbekisch und russisch) und in der Stadt Buchara sogar viele dreisprachig, wenn sie zur tadschikischen Minderheit gehören.

Südtirol: Nach dem Ersten Weltkrieg musste Österreich Südtirol an Italien abtreten. Darauf setzte unter Mussolini eine Italianisierungspolitik ein, d.h. insbesondere Italiener aus dem armen Süden (Mezzogiorno) wurde angesiedelt. Die deutschsprachigen Südtiroler waren gezwungen, Italienisch zu lernen. Heute lässt sich auf dem Markt in Bozen oder Meran mit Faszination beobachten, wie die Händler blitzschnell zwischen den beiden Sprachen wechseln. Zweisprachigkeit ist für sie beruflicher Alltag.

Lateinamerika: In Lateinamerika sprechen die indigenen Völker – die Indios – meist immer noch ihre eigenen Muttersprache neben dem dominanten Spanisch der Eroberer.

Zweisprachigkeit als Chance und Herausforderung

In dem *Gutachten 2004 des Sachverständigenrates für Zuwanderung und Integration* wird die Zweisprachigkeit zum ersten Mal in der Bundesrepublik Deutschland halboffiziell als eine soziale Realität anerkannt und gleichzeitig als eine Chance und auch als eine Herausforderung angesehen, wenn Folgerungen aus den Erkenntnissen bilingualer Schulmodelle gezogen werden:

> »Eine bilinguale Alphabetisierung und adäquate Förderung beider Sprachen wirken sich positiv auf die Bildungserfolge zweisprachig aufwachsender Kinder aus. Damit die Muttersprache für nichtdeutsche Kinder eine Ressource und kein Hindernis darstellt, muss diese kompetent beherrscht werden. Häufig

> weisen zweisprachig aufwachsende Kinder jedoch auch in ihrer Muttersprache erhebliche Defizite auf. Eine Alphabetisierung und langfristige Förderung in der Muttersprache ist die Voraussetzung dafür, dass sich Zweisprachigkeit in eine erfolgreiche Bildungskarriere umsetzen lässt. Viele Bildungsinstitutionen betrachten Zweisprachigkeit jedoch nicht als Potenzial, sondern als Defizit.« (Sachverständigenrat für Zuwanderung und Integration 2004: 263)

In Klartext übersetzt heißt das: Vorrang der Muttersprache, um die Zweitsprache Deutsch gut und richtig lernen zu können. Die Ausbildung zur Zweisprachigkeit ist ressourcenorientiert und bedeutet eine Strategie des Empowerment.

Clash of cultures als Ressource

Samuel P. Huntington hat in seinem mit Recht kontroversen Buch *Clash of Cultures* die These aufgestellt, dass die großen religiösen Kulturkreise wie Christentum, Islam, Konfuzianismus und Hinduismus sich gegenseitig in Zukunft bekämpfen werden. Anstelle des vergangenen Ost-West-Konflikts nach dem Zweiten Weltkrieg bis zum Zusammenbruch des Ostblocks zwischen den beiden System Kapitalismus / Demokratie und Sozialismus / Kommunismus würde der Kampf der Kulturen treten: Islam gegen den katholisch-protestantischen Westen, Konfuzianismus (China) gegen Hinduismus (Indien), Westen gegen den orthodoxen Osten, Westen gegen Konfuzianismus usw. Diese These ist vereinfachend und einseitig falsch, aber sie erleichtert die Bildung von Feindbildern und könnte sich zur »selbsterfüllenden Prophezeiung« entwickeln. Die Ereignisse um die dänischen Karikaturen zeigen, wie schnell sich ein Konflikt an einseitig interpretierten Wertevorstellungen (Presse- und Meinungsfreiheit versus Respekt vor Religionen) hochschaukeln kann, wenn er von fundamentalistischen Kräften ausgenutzt wird. Der clash of cultures ist nicht negativ, sondern historisch und aktuell eine Quelle des Empowerment als ressourcenorientierte Bereicherung aller Kulturen.

Der amerikanische Stadtsoziologe Claude Fischer (1984) hat bereits in den achtziger Jahren des vorigen Jahrhunderts seine subkulturelle Theorie der Stadt als ressourcenorientierte Bereicherung für die Urbanität formuliert. Die großen Städte sind für Menschen mit verschiedenen Lebensstilen und beruflichen Interessen attraktiv, denn nur dort findet man Gleichgesinnte in größer Zahl, um sich zu treffen und auszutauschen. Das führt einerseits zu einer Intensivierung der vielen subkulturellen Milieus und mitunter auch zu wechselseitigen Spannungen, aber andererseits auch zu einer Intensivierung der Kontakte sowie zur Kreuzung verschiedener sozialer Gruppen (Georg Simmel). Das bedeutet, dass multiethische Verkehrskreise eine Quelle des Reichtums im Sinne von Empowerment sind.

Transnationale Netzwerke und Interdependenzkultur

Wegen der günstig gewordenen Kommunikations- und Transportkosten entwickelt sich allmählich eine Transnationalisierung der Migration, so dass die Menschen im Laufe ihres Lebens, ja manchmal sogar während eines Jahres an verschiedenen Orten leben, arbeiten und wohnen. Pendelmigration ist das Stichwort. Lateinisch »trans« ist ein Präposition mit der Bedeutung »hinüber, hindurch, über ... hinaus, jenseits«. Diese Vorsilbe erscheint in vielen Fremdwörtern wie u.a. transalpin, transatlantisch, transferieren, transformieren, Transfusion, transponieren, transportieren und transsibirische Eisenbahn. Es geht darum die Alpen oder Sibirien zu über- bzw. zu durchqueren, Brücken zwischen Regionen und Kontinenten zu schlagen und damit auch Menschen zu verbinden. Viele Migranten bewegen sich in transnationalen Netzwerken, die von der Heimat, dem Herkunftsland bis zur zweiten Heimat, dem Zuwanderungsland reichen. Das sieht man bei dem schwierigen Punkt der arrangierten Hochzeiten (vgl. 6. Kapitel).

Während Multikulturalismus die Kulturen eher statisch nebeneinander stehen lässt, impliziert der Ausdruck »Transnationale Netzwerke« das Pendeln zwischen den Kulturen, das mögliche Leben mit zwei Kulturen. Allerdings hat eine ethnische Minderheit nur dann eine Chance, sich transkulturell zu verhalten, wenn die Mehrheit die Minderheit akzeptiert, anerkennt und sie an dem Bildungs-, Wirtschafts- und politischem System beteiligt und nicht ausschließt. (vgl. detaillierte Ausführungen im fünften und besonders im sechsten Kapitel). In diesem Zusammenhang möchte ich lieber das Wort »Interdependenzkultur« prägen, um die wechselseitige Durchdringung und wechselseitige Abhängigkeiten der Kulturen sowohl historisch als auch aktuell zu charakterisieren

Fazit: Wenn sich das eher bisherige Nebeneinander des Multikulturalismus zu einer Interdependenzkultur weiterentwickelt, indem sich die Mehrheits- und Minderheitskulturen gegenseitig durchdringen und als wechselseitiges Empowerment gesehen werden und reale Verwirklichungschancen auf dem Bildungs- und Arbeitsmarkt möglich sind, dann ist das ein gesellschaftlicher Fortschritt für Alle.

Kapitel V

Rechtskultur als gesellschaftliche Steuerung

Fiktiver Prolog V: Herr Rechtsmann

Herr Rechtsmann kommt aus einer gläubigen protestantischen Familie, die ihn relativ streng, aber auch sozial erzogen hat. Schon in der Schule hat er sich in Hilfsprojekten engangiert. Gerechtigkeit war ihm immer ein wichtiges Entscheidungskriterium. Daher hat er nach dem Abitur Rechtswissenschaft und nebenbei auch ein paar Semester Ethnologie studiert, da ihn fremde Kulturen faszinierten. Er ist zur Zeit Richter an einem Familiengericht, an dem auch viele Fälle von nicht-deutschen Familien behandelt werden. Obgleich ihm aufgrund seiner ethnologischen Kenntnisse und Neugierde die kulturellen Differenzen in den Wertvorstellungen bewusst sind, bezieht er sich in seinen juristischen Entscheidungen stets auf das Grundgesetz der Bundesrepublik Deutschland und den interpretierenden Urteilen des Bundesverfassungsgerichtes.

Jede Gesellschaft braucht ihren »sozialen Kitt« für den Zusammenhalt bzw. ihre Steuerungsmechanismen für das Zusammenleben der Menschen in einem Land. Aus der bisherigen Argumentationslogik folgt, dass

(a) eine »deutsche Leitkultur« nicht allgemein verbindlich zu formulieren ist, da sie sich einseitig ethnozentrisch an vagen deutschen Normen orientiert,
(b) soziale, subkulturelle und auch ethnische Parallelgesellschaften in der demokratischen Klassengesellschaft schon immer existiert haben und
(c) »Multiethnizität« zwar eine kulturelle Ressource als Empowerment für viele Bürger sein, aber nicht eine Gesellschaft an sich zusammenhalten kann.

So bleibt die politisch und soziologisch spannende Frage zu klären, welche verbindlichen Spielregeln für alle 82 Millionen Einwohner der Bundesrepublik Deutschland gelten sollen oder sogar müssen, damit der Zusammenhalt der Deutschen gewährleistet ist bzw. die bundesdeutsche Gesellschaft funktioniert. Diese Frage wird in drei Schritten beantwortet:

(1) Wie funktioniert heute eine moderne Gesellschaft?
(2) Welche Mentalitäten prägen die deutsche Gesellschaft?
(3) Was heißt dies in Bezug auf die ethnischen Minderheiten und deren Integration in die deutsche Gesellschaft?

Gesellschaftlicher Zusammenhalt einer modernen Gesellschaft

Seit ihrer Anerkennung als eingeständige Wissenschaft in der Mitte des 19. Jahrhunderts wird in der Soziologie immer wieder eine zentrale Frage gestellt und versucht, zu beantworten: Was ist Gesellschaft? Was hält sie zusammen? Wie wird sie gesteuert? Als analytischer Ausgangspunkt der Analyse kann auf den Begründer der französischen Soziologie, Emile Durkheim (1858-1917), zurückgegriffen werden, der mit Recht sagt, dass soziale Realitäten unabhängig von den einzelnen Individuen existieren. Was ist nun aber diese »unsichtbare Hand«, die die Gesellschaft steuert und zusammenhält?

Arbeitsteilung und Recht

Nach Durkheim wird die moderne Gesellschaft durch die funktionale Arbeitsteilung relational zusammengehalten. Er nennt es »organische Solidarität« im Gegensatz zur »mechanischen Solidarität«, in der die Mitglieder in Clans und Horden organisiert und die Zahl ihrer Interdependenzen untereinander noch gering waren. Je mehr Menschen in soziale Beziehungen und wechselseitigen Abhängigkeiten treten, desto mehr gewinnt nach Durkheim das Recht an Bedeutung:

> »In der Tat drängt das soziale Leben überall, wo es dauerhaft existiert, dazu, eine bestimmte Form anzunehmen und sich zu organisieren; das Recht ist dann nichts anderes als diese Organisation selbst in dem, was es an Beständigem und an Genauem hat. Das allgemeine Leben der Gesellschaft kann sich nicht über diesen Punkt ausbreiten, ohne dass sich das Rechtsleben zu gleicher Zeit und in demselben Verhältnis ausdehnt. Wir können also sicher sein, im Recht alle wesentlichen Varianten der sozialen Solidarität widergespiegelt zu finden.« (Durckheim 1977: 105)

Das Recht kann auf verschiedenen gesellschaftlichen Ebenen normativ-politisch ausgeübt werden.

Normative Modelle der Demokratie

Nach Jürgen Habermas gibt es drei idealtypisch zu nennende normative Modelle: (1) das liberale Modell contra (2) das republikanische Modell und (3) seine eigenes Diskursmodell. Er definiert den demokratischen Prozess des liberalen Modells wie folgt:

> »Nach ›liberaler‹ Auffassung erfüllt dieser die Aufgabe, den Staat im Interesse der Gesellschaft zu programmieren, wobei der Staat als Apparat der öffentlichen Verwaltung, die Gesellschaft als System des marktwirtschaftlichen strukturierten Verkehrs der Privatpersonen und ihrer gesellschaftlichen Arbeit vorgestellt werden. Dabei hat die Politik (im Sinne der politischen Willensbildung der Bürger) die Funktion der Bündelung und Durchsetzung gesellschaftlicher Privatinteressen gegenüber einem Staatsapparat, der auf die administrative Verwendung politischer Macht für kollektive Ziele spezialisiert ist.« (Habermas 1996: 277)

Der Staatsbürger als Träger subjektiver Rechte genießt den Schutz des Staates, der im Rahmen des demokratischen Prozesses die Privatinteressen der Bürger bündelt und in unserer kapitaldominanten Gesellschaft weitgehend als Erfüllungsgehilfe zur Durchsetzung kapitalistische Interessen funktioniert, soweit sie nicht durch gewerkschaftliche Gegenmacht tendenziell abgeschwächt werden. Nach »republikanischer« Auffassung hat die Politik eine andere Rolle im demokratischen Prozess. Sie hat keine Vermittlungsfunktion, sondern

»...sie ist vielmehr konstitutiv für den Vergesellschaftungsprozeß im ganzen. Politik wird als Reflexionsform eines sittlichen Lebenszusammenhanges begriffen. Sie bildet das Medium, in dem sich die Angehörigen naturwüchsiger Solidargemeinschaften ihrer Angewiesenheit aufeinander innewerden und als Staatsbürger die vorgefundenen Vehältnisse reziproker Anerkennung mit Willen und Bewusstsein zu eine Assoziation freier und gleicher Rechtsgenossen fortbilden und ausgestalten. ... Neben die hierarchische Regelungsinstanz der staatlichen Hoheitsgewalt und die dezentralisierte Regelungsinstanz des Marktes, also neben administrative Macht und Eigeninteresse tritt *Solidarität* als eine *dritte Quelle* der gesellschaftlichen Integration.« (Habermas 1996: 277f)

Beispiele für das liberale Modell sind die USA und Großbritannien, und für das republikanische Modell die Mehrheit der west- und nordeuropäischen Staaten. Der Staatsbürger fordert hier die Gewährleistung seiner Rechte im Meinungs- und Willensbildungsprozess durch den Staat. Jürgen Habermas findet beide Ansätze zu »eng« und entwickelt sein »diskursives Modell« auf der Grundlage der gesellschaftlichen Kommunikationsbedingungen als

»höherstufige Intersubjektivität von Verständigungsprozessen, die sich einerseits in der institutionalisierten Form von Beratungen in parlamentarischen Körperschaften sowie andererseits im Kommunikationsnetz politischer Öffentlichkeiten vollziehen.« (Habermas 1996: 288)

Der kommunikative Diskurs findet nun nicht in den beiden Bereichen der Systemwelt »Politik und Staat« bzw. »Markt und Wirtschaft« statt, sondern in der Lebenswelt der Bürger, in der Zivilgesellschaft. Die politische Systemwelt verfügt über die Ressource »Macht«, die ökonomische Systemwelt über die Ressource »Geld« und die zivilgesellschaftliche Lebenswelt über die Ressource »Solidarität«.

Wechselseitige Integration von Mehrheit und Minderheit

In Anlehnung an Emile Durckheim und Jürgen Habermas lässt sich das interdependente Verhältnis von (deutscher) Mehrheit zu (ethnischen) Minderheiten als Integrationsangebot, aber auch von (ethnischen) Minderheiten zur (deutschen) Mehrheit als Nachfrage-Integration in den Bereichen Markt, Staat und Zivilgesellschaft analysieren.

Marktintegration

Die ethnischen Unterschichten, aber auch die deutsche Unterschicht im Sinne geringer beruflicher Qualifikation als ungelernte, angelernte und ältere Arbeiter können nicht mehr in den hochproduktiven Sektoren des Kapitalismus eingegliedert werden. Sie zählen zur verlorenen, gesellschaftlich überflüssigen »underclass«, die anscheinend niemand mehr braucht.

Staatsintegration
Auch die Integration in den Staat, oder genauer in die politischen Willens- und Entscheidungsprozesse wird den ethnischen Minderheiten, die keine deutsche Staatsbürgerschaft haben, durch die Mehrheit verweigert. Es gibt keinen ernsthaften Ansatz zur politischen Partizipation.

Zivilgesellschaftliche Integration
Auch bei der zivilgesellschaftlichen Integration gibt es nur bescheidene Ansätze. Zu denen zählen u.a. binationale Ehen, sozialarbeiterische Projekte im Quartier, aber es gibt eher ein unter bestimmten Umständen hingenommenes nachbarschaftliches Nebeneinander von jeweils sozialen bzw. ethnosozialen Parallelgesellschaften als ein wirkliches soziales Miteinander von Mehrheit und Minderheit.

Leitidee Rechtskultur

Da die »Leitkultur« ein vager ideologisch-politischer Kampfbegriff und der Anspruch »Multikulti« aufgrund der sozialen Parallelgesellschaften mehr Wunschtraum als Realität ist, bleibt als Alternative für eine gemeinsame Grundlage für alle 82 Millionen Bürger, die auf dem Gebiet der heutigen Bundesrepublik Deutschland wohnen die Forderung nach der Anerkennung der Verfassung und der Befolgung des Rechts als oberste Bürgerpflicht. Im *Jahresgutachten 2004 des Sachverständigenrates für Zuwanderung und Integration* wird daher gefordert (S. 256):

> »Der Umgang mit Vielfalt jedoch benötigt einen Rahmen, erfordert Gemeinsamkeiten, die als Grundlage und Referenzpunkt des Dialogs und der Begegnung zwischen Menschen mit und ohne Migrationshintergrund dienen. Die deutsche Sprache und die Grundwerte der deutschen Verfassung bilden solche Referenzpunkte.«

Das Recht hat sich zum zentralen Steuerungsmittel in unserer Gesellschaft entwickelt. »Multikulti« oder kultureller Pluralismus sind private Wertvorstellungen für das Individuum, für das Milieu, in dem sich jeder zuhause fühlen kann, das aber niemals für Alle verbindlich sein kann. Dies ist auch von den Gerichten immer wieder bestätigt worden.

> »Moderne Rechtsstaaten wie die Bundesrepublik Deutschland bedienen sich des Rechts als ihrem zentralen gesellschaftlichen Steuerungsmittel. Für das Recht sprechen Gründe der Rationalität und der Effektivität und seine beliebige Vermehrbarkeit. Nicht-rechtliche Verhaltensnormen wie Sitten oder Bräuche haben ihre verhaltenssteuernde und gesellschaftserhaltende Bedeutung mehr und mehr verloren. Das Recht ist das Produkt eines demokratischen Entscheidungsprozesses.« (Kötter 2003: 31)

Nach Kötter (2005: 84ff) gibt es eine »Bürgerpflicht zur Rechtsbefolgung«, d.h. die Erwartung der deutschen Mehrheit an ihre zugewanderten ethnischen Minderheiten, sich als »integriert« geltende Bürger zu verhalten.

> »Diese erschöpft sich in der Forderung nach der Anerkennung der Verfassung und der Befolgung des Rechts. Die Befolgung des Rechts ist die oberste Bürgerpflicht im Staat der modernen Gesellschaft. In dieser ist das Recht aus Gründen der Rationalität, der Effektivität und seiner beliebigen Vermehrbarkeit zum zentralen Steuerungsmittel avanciert, wohingegen nicht-rechtliche Verhaltensnormen wie Sitten oder Bräuche ihre verhaltenssteuernde und gesellschaftserhaltende Bedeutung mehr und mehr verloren haben. Im Gegenzug ist die Gesellschaft darauf angewiesen, dass jedermann das Recht befolgt.« (Kötter 2005: 84f)

Die Zuwanderer haben also eine Art »rechtliche Assimilation« zu leisten, aber keine kulturelle Anpassung zu vollziehen, wie es das Bundesverfassungsgericht in einem Urteil festgestellt hat.

> »So hat sich das oberste deutsche Gericht im Falle der Zeugen Jehovas ausdrücklich dagegen verwahrt, eine »über die Pflicht zur Rechtstreue hinausgehende Loyalität zum Staat« zu verlangen. Zum Schutz der verfassungsrechtlichen Grundwerte sei das nicht notwendig und mit dem Grundgesetz auch nicht vereinbar. ... Allein die Befolgung des Rechts und die Anerkennung der Verfassung müssen das Ziel kultureller Integration in einer heterogenen Gesellschaft sein.« (Kötter 2005: 85f)

An dieser Stelle ist fairerweise noch einmal Friedrich Merz (CDU) zu zitieren, der den Begriff Leitkultur ins politische Spiel gebracht hat und ihn wie folgt interpretiert:

> »Zur freiheitlichen Kultur unseres Landes gehört ganz wesentlich die Verfassungstradition unseres Grundgesetzes. Sie ist geprägt von der unbedingten Achtung vor der Würde des Menschen, ... Das Grundgesetz ist damit wichtigster Ausdruck unserer Werteordnung und so ein Teil der deutschen kulturellen Identität, die den inneren Zusammenhalt unserer Gesellschaft erst möglich macht.« (Merz 2000)

Dieser Position – das Grundgesetz als Wertemaßstab – kann ich vorbehaltlos zustimmen, aber nicht wenn weitere diffuse Werte genannt werden.

Grundrechte
Zu den Grundrechten zählen u.a.

- Die Würde des Menschen ist unantastbar. Sie zu achten und zu schützen ist die Verpflichtung aller staatlichen Gewalt. (Art. 1, Abs. (1))
- Jeder hat das Recht auf die freie Entfaltung seiner Persönlichkeit, soweit er nicht die Rechte anderer verletzt und nicht gegen die verfassungsmäßige Ordnung oder das Sittengesetz verstößt. (Art. 2, Abs. (1))
- Alle Menschen sind vor dem Gesetz gleich. (Art. 3, Abs. (1))

Und besonders wichtig für unser Thema sind u.a.

- Niemand darf wegen seines Geschlechtes, seiner Abstammung, seiner Sprache, seiner Heimat und Herkunft, seines Glaubens, seiner religiösen oder politischer Anschauungen benachteiligt oder bevorzugt werden. Niemand darf wegen seiner Behinderung benachteiligt werden. (Art. 3, Abs. (3)
- Die Freiheit des Glaubens, des Gewissens und die Freiheit des religiösen und weltanschaulichen Bekenntnisses sind unverletzlich. (Art. 4, Abs. (1)

Neben dem Grundgesetz gelten selbstverständlich auch alle anderen juristischen Normen des Bürgerlichen, des Handels-, des Strafgesetzbuches usw.

Systemwelt Rechtskultur contra parallele Lebenswelten

Während die Rechtskultur in der Systemwelt angesiedelt ist, werden die normativen Parallelgesellschaften in der Lebenswelt sozialisiert.

Systemwelt und Lebenswelt
Rechtskultur ist ein Teil der Systemwelt, während die Parallelwelten eher zur Lebenswelt gehören. Diese Unterteilung der Figuration »deutsche Gesellschaft« erfolgt in Anlehnung an Jügen Habermas, der die Gesellschaft in eine *System-* und eine *Lebenswelt* aufteilt. Ausgangspunkt seiner Analyse ist, dass er das Handeln von Menschen bzw. die soziale Welt zweiteilt: in ein zweckrationales Handeln der Individuen in der Systemwelt und in ein kommunikatives Handeln in der Lebenswelt. Das zweckrationale Handeln ist zielgerichtet und erfolgsorientiert. Bezieht es sich auf Bereiche der objektiven Welt, dann ist es instrumentell, bezieht es sich auf Vorgänge der sozialen Welt, ist es strategisch (Treibel 1993: 162). Zweckrationales Handeln

spielt sich in der gesellschaftlichen Systemwelt ab. Dieser Ansatz ist typisch für die individualistische Handlungstheorie der Soziologie. Diesem Ansatz stellt Habermas seine kommunikative Theorie gegenüber. Das kommunikative Handeln wird als verständigungsorientiertes intersubjektives Handeln definiert:

> »Hingegen spreche ich von *kommunikativem* Handlungen, wenn die Handlungspläne der beteiligten Aktoren nicht über egozentrische Erfolgskalküle, sondern über Akte der Verständigung koordiniert werden. Im kommunikativen Handeln sind die Beteiligten nicht primär am eigenen Erfolg orientiert; sie verfolgen ihre individuellen Ziele unter der Bedingung, daß sie ihre Handlungspläne auf der Grundlage gemeinsamer Situationsdefinitionen aufeinander abstimmen können. Insofern ist das Aushandeln von Situationsdefinitionen ein wesentlicher Bestandteil der für kommunikatives Handeln erforderlichen Interpretationsleistungen.« (Habermas 1981: 385).

Das kommunikative Handeln erfolgt in der sogenannten Lebenswelt. Diese ist der alltägliche selbstverständliche Erfahrungshorizont der Individuen, der ihnen meistens nicht bewusst ist.

> »Lebenswelt ist ein Konglomerat unserer sozialen Herkunft, unserer früheren und gegenwärtigen Gruppenzugehörigkeiten – allgemein unseres früheren und jetzigen Umfeldes. ... Aus dieser Lebenswelt entnehmen die Individuen bestimmte Ressourcen ihres Handelns, bestimmte Wissensbestände.« (Treibel 1993: 166)

Lebenswelt ist der Ort, an dem sich die Selbstreproduktion und Selbstinterpretation einer sozialen Gruppe vollzieht (ebd.: 167). Hier finden die alltäglichen Verständigungsprozesse statt.

Das Lebenswelt-Konzept stellt den Anschluss der Handlungstheorie an die Gesellschaftstheorie her, die weitgehend als Systemwelt definiert und durch das zweckrationale Handeln bestimmt wird. Hierher gehören unter anderem das ökonomische, politische, Bildungs- und Wissenschaftssystem. Diese Systemwelt wird durch eine Vielzahl *sozialer Institutionen* gebildet, z.B. durch Firmen, Verkehrsgesellschaften, Parlamente, Verwaltungen, Schulen, Universität usw. Nach Habermas sind in historischer Perspektive zwei Prozesse von Bedeutung: zum einen die zunehmende Kolonialisierung der Lebenswelt durch die Systemwelt und zum anderen die Entkopplung von Lebens- und Systemwelt:

(a) *Kolonialisierung der Lebenswelt* bedeutet das Eingreifen von Systemen in die Lebenswelten. Systemische Imperative (Habermas) dringen in die verschiedenen Handlungsbereiche der Individuen ein. Die Rationalisierung durch die Systemwelt kann soweit führen, dass eine völlige Unterwerfung der Lebenswelt unter die Systemwelt stattfindet. Diese zerstörerischen Auswirkungen zeigen sich in Sinnverlust, Anomie und Persönlichkeitsstörungen (vgl. Treibel 1993: 168).

(b) Mit dem Vordringen der Systemwelt in die Lebenswelt können Verständigungsprozesse in der Lebenswelt immer weniger ausgehandelt werden. Sie werden immer häufiger durch die Organisationsstrukturen der Systeme vorgegeben. Entscheidungen über Arbeit und Arbeitslosigkeit fallen heute einseitig in der ökonomischen Systemwelt. Die Lebenswelt kann diesen Mechanismen kaum gegensteuern. Politische Entscheidungen werden nur alle vier Jahre in Form von Wahlen an den Wähler rückgekoppelt; in der Zwischenzeit ist das Individuum relativ machtlos. Allenfalls andere Systeme wie etwa die Medien können auf das politische System Einfluss nehmen.

Doch trotz aller fortschreitenden Entkopplungsprozesse bedingen sich die Lebens- und die Systemwelt immer noch gegenseitig; denn erstens ist die Systemwelt noch in der Lebenswelt verankert (siehe etwa das Privatleben der Individuen) und zweitens hängt die Lebenswelt in hohem Maße von der Systemwelt ab, da sie die Mittel für die materielle Reproduktion der Individuen erzeugt und bereitstellt (Waren, Dienstleistungen).

Aus der Anerkennung der (deutschen) Rechtskultur oder die Bürgerpflicht zu ihrer Rechtsbefolgung können sich natürlich Konflikte zwischen geltenden deutschen Rechtsnormen und kulturellen Besonderheiten der Parallelgesellschaften ergeben. Diese normativen Parallelwelten können problemlos existieren, wenn sie sich im Normenkonfliktfall dem Recht beugen. Doch wie ist das im konkreten Fall zu bewerten und einzuhalten? An vier kontroversen Problemfeldern ist das Konfliktpotential zu analysieren: Kopftuch-Debatte, arrangiertes Heiraten, politischer bzw. religiöser Fundamentalismus und Ehrenmorde.

Kopftuch contra Neutralität

Der Normenkonflikt hat sich besonders symbolträchtig an der Frage des Tragens des »Kopftuches« festgesetzt und heftige emotionsgeladene Debatten in der BRD ausgelöst. Hierzu gibt es (a) eine interne wissenschaftliche Kontroverse und (b) eine externe öffentliche Debatte, die politisch seriös bis polemisch in Deutschland geführt wird.

(a) Wissenschaftliche Kontroverse

Die Probleme entzündet sich an der Frage, was das Kopftuch im gesellschaftlichen Umfeld für die Trägerin muslimischen Glaubens bedeutet. Birgit Rommelspacher (2002: 113-131) hat diese Kontroverse kritisch-abwägend in ihren gesellschaftlichen Zusammenhängen nachvollzogen. Nach ihrer Analyse gibt es folgende mögliche Standpunkte:

– **Aus westlicher Sicht**

Aus langer historischer Sicht der westlichen Orientalistik gilt das Kopftuch als ein Zeichen für Rückständigkeit und Frauenunterdrückung. Das wurde durch den europäischen Kolonialismus in den arabischen Ländern verstärkt.

> »So wurden Frauen von den französischen Militärs aus den Dörfern in die Städte gebracht und gezwungen, auf öffentlichen Plätzen den Schleier abzulegen. Nicht nur sie, sondern auch die algerischen Männer haben dies als eine symbolische Vergewaltigung empfunden.« (Rommelspacher 2002: 115)

Westliche Frauen, die als Künstler oder Intellektuelle in diese Länder reisten, haben zu diesem »kolonialen Feminismus« beigetragen, indem sie ihre westliche Kultur als überlegen darstellten.

– **Aus Sicht islamischer Frauen**

Es ist heutzutage auffallend, dass gerade viele Mädchen und junge Frauen (wieder) das Kopftuch tagen. Kamen in der Türkei die »Kopftuch-Frauen« früher eher aus ärmlichen Verhältnissen und bildungsfernen Schichten, sind es heute oft junge Frauen, gebildet und eher aus Kleinstädten. In Anlehnung an andere Autoren interpretiert Birgit Rommelspacher (2002: 119 und 121) das Kopftuch auch als mögliches Emanzipationsvehikel:

> »Der Schleier dient den Frauen als Sicherheit und Schutz, indem der private Raum in die Öffentlichkeit mitgenommen wird. In diesem Sinne ist die Übernahme des Schleiers Ausdruck eines Aufbruchs in die Moderne unter In-Dienst-Nahme der Tradition. ... In der BRD von heute sehen die jungen Frauen, die sich für das Kopftuch entschieden haben, ähnlich wie ... befragte Frauen in der Türkei, darin in erster Linie einen selbstbestimmten Akt, ... Es geht ihnen vor allen darum, für sich einen individuellen Standort zu finden zwischen der Tradition ihrer Eltern und der Kultur der Aufnahmegesellschaft sowie einen eigenständigen Bezug zu weltanschauliches und religiösen Fragen.«

Gegen dieses private kulturelle Selbstbestimmung(srecht) ist selbstverständlich nichts einzuwenden. Das Kopftuch zuhause oder auch im öffentlichen Raum der Straße, aber auch der Schule? An diesem Punkt setzt die Kontroverse ein. Nach Birgit Rommelspacher ist die Einschätzung des Kopftuches abhängig davon, was es für die Trägerin in ihrem gesellschaftlichen Umfeld selbst bedeutet (2002: 123).

> »Das Kopftuch kann auch emanzipatorische Elemente enthalten, wenn es angesichts gesellschaftlicher Umwälzungen eine neue Bedeutung bekommt und als kulturelle Ressource genutzt wird, um den selbstgesetzten Anforderungen besser entsprechen zu können. Auf der anderen Seite kann das Kopftuch aber auch unmittelbarer Ausdruck patriarchaler Repressionen sein, die die Selbstbestimmung und Entwicklungsmöglichkeiten von Frauen massiv einschränkt. ... Das Kopftuch kann auf der einen Seite Ausdruck einer bewussten Selbstverortung sein und Widerstand gegen Assimilationismus ausdrücken, es kann auf der anderen Seite aber auch Ausdruck eines repressiven Kollektivismus sein. Deshalb muss jeweils im Einzelfall geprüft werden, welche Bedeutung das Kopftuch für die jeweilige Frau hat und ob damit eine eigenständige Position vertreten wird, oder ob etwa Zwang und Gewalt im Spiel ist.«

In ihrer ausführlichen Analyse des Kopftuchstreites kommt Heide Oestreich (2004) zu einer ähnlichen Abwägung und zieht daraus den Schluss, dass ein Kopftuch-Verbot die Frauen eher diskriminiert, weil ihnen der Schutz fehlt, sich gegenüber ihren Eltern bzw. ihren Ehemännern zu emanzipieren.

> »Sie beruhigen vielleicht ihre Eltern oder Ehemänner, die Angst um ihre moralische Integrität haben, damit, dass sie besonders wohlerzogen islamisch sind und ein Kopftuch tragen. Manche dagegen: »Das Kopftuch gibt mir Schutz‹, wie anderen die Lederjacke, der Nadelstreifen-Anzug oder das perfekt sitzende Kostüm. ... Wer das Tuch im öffentlichen Raum dagegen diskreditiert, setzt eine unglückselige Tradition deutscher Integrationspolitik fort.« (Oestreich 2004: 188)

Einen klaren engagierten Gegen-Standpunkt vertritt die deutsch-türkische Rechtsanwältin Seyran Ateş, die sich u.a. für ein Gesetz gegen arrangiertes Heiraten einsetzt, wenn sie unmissverständlich behauptet:

> »Es ist leicht, aus der Ferne und ohne eigene Betroffenheit das Kopftuch zu tolerieren. Für mich ist das jedoch keine Toleranz, sondern Ignoranz. Das Kopftuch und der Tschador symbolisieren in meinen Augen die Unterwerfung der Frau. ... Aber solange das Kopftuch fremdbestimmt, also vom Mann bestimmt ist, werde ich mich mit den Frauen solidarisieren, die endlich das Kopftuch oder den Tschador ablegen wollen.« (Ateş: 2003: 246f)

Es drängt sich bei diesen beiden konträren Zitaten unwillkürlich die Frage auf, ob etwa emanzipierte *deutsche* intellektuelle Frauen für das Kopftuch sind, während emanzipierte *türkische* intellektuelle Frauen gegen das Kopftuch sind. Zu dieser Streitfrage wäre eine empirische Umfrage sehr sinnvoll.

Wer erkennt den Unterschied und wer entscheidet es, was das Kopftuch bedeutet? Geht es hier nur um die Emanzipation der »islamischen Frau«? Wie steht es um die Emanzipation der »christlichen Frau«? An diesem Punkt muss die (gesellschafts)politische Debatte und auch demokratische Entscheidung ansetzen.

(b) Politische Debatte: Gericht und Gesetz

Auslöser für die Debatte, ob das Kopftuch als ein eindeutig religiöses Zeichen muslimischer Frauen zu interpretieren ist, war letztlich das Urteil des Bundesverfassungsgerichtes vom 24. September 2003 (2 BvR 1436/02, siehe www.bundesverfassungsgericht.de). Dieses entschied, dass ein Verbot für Lehrkräfte, in Schule und Unterricht ein Kopftuch zu tragen, einer hinreichend bestimmten landesgesetzlichen Grundlage bedarf. Hintergrund war der »Fall Ludin«, d.h. die Klage einer muslimischen Lehramtsanwärterin in Baden-Württemberg, ob das Verbot des Kopftuchtragens in der Schule durch ein Verwaltungsgericht mit dem Grundgesetz vereinbar sei und zu einer Ablehnung ihrer Einstellung in den Schuldienst führt. Das oberste Gericht meinte, für die Ablehnung der Einstellung fehle es an einer hinreichend gesetzlichen Grundlage. Als Folge des Urteils des Bundesverfassungsgerichtes werden nach und nach in den Bundesländern Gesetze als »Lex Kopftuch« diskutiert und auch schon erlassen. Zwei Positionen stehen sich konträr gegenüber: die christliche versus die neutrale Lösungsstrategie.

Bayerisch-christliche Lösung

Die Christlich Soziale Union (CSU) als »Staatspartei« des Landes Bayern hat am 11. November 2004 das *Bayerische Gesetz über das Erziehungs- und Unterrichtswesen* geändert. Danach dürfen Lehrkräfte keine äußeren Symbole, die

> »auch als Ausdruck einer Haltung verstanden werden können, die mit den verfassungsrechtlichen Grundwerten und Bildungszielen der Verfassung einschließlich den christlich-abendländischen Bildungs- und Kulturwerten nicht vereinbar ist.«[23]

Das ist klar und deutlich: Bayern ist eine christlich-abendländische Hochburg, der sich die Muslime unter- und in die sie sich einzuordnen haben. Ähnliche Regelungen sind auch in Baden-Württemberg, Hessen und Niedersachsen schon verabschiedet worden oder noch in gesetzgeberischer Vorbereitung.

---

23 Zitiert nach dem Bericht der Beauftragten der Bundesregierung für Migration, Flüchtlinge und Integration über die Lage der Ausländerinnen und Ausländer in Deutschland. Juni 2005 Berlin, S. 235.

»Neutralitätsgesetz« des Landes Berlin

Eine andere Position hat das Land Berlin durch den SPD-PDS-Koalitionssenat mit seiner parlamentarischen Mehrheit bezogen, indem es die weltanschauliche Neutralität des Staates aus dem Grundgesetz ableitet und im öffentlichen Dienst konsequent umsetzt. Dieses sog. »Neutralitätsgesetz« – verabschiedet am 20. Januar. 2005 – wurde zu Artikel 29 der Verfassung von Berlin formuliert. In einer Präambel wird – wie im Grundgesetz – die Glaubens- und Gewissensfreiheit und die Freiheit des religiösen und weltanschaulichen Bekenntnisses garantiert, und gleichzeitig ist das Land Berlin zu weltanschaulich-religiöser Neutralität verpflichtet. In konsequenter Neutralität werden alle drei K's verboten: Kopftuch, Kreuz und Kippa, die drei symbolträchtigen Elemente des Islam, des Christentums und des Judentums. Die beiden wichtigsten Paragraphen lauten:

> § 1 Beamtinnen und Beamte, die im Bereich der Rechtspflege, des Justizvollzugs oder der Polizei beschäftigt sind, dürfen innerhalb des Dienstes keine sichtbaren religiösen oder weltanschaulichen Symbole, die für die Betrachterin oder den Betrachter eine Zugehörigkeit zu einer bestimmten Religions- oder Weltanschauungsgemeinschaft demonstrieren, und keine auffallenden religiös oder weltanschaulich geprägten Kleidungsstücke tragen.
>
> § 2 Lehrkräfte and andere Beschäftigte mit pädagogischem Auftrag in den öffentlichen Schulen nach dem Schulgesetz dürfen innerhalb des Dienstes keine sichtbaren religiösen oder weltanschaulichen Symbole, die für die Betrachterin oder den Betrachter eine Zugehörigkeit zu einer bestimmten Religions- oder Weltanschauungsgemeinschaft demonstrieren, und keine auffallenden religiös oder weltanschaulich geprägten Kleidungsstücke tragen. Dies gilt nicht für die Erteilung von Religions- und Weltanschauungsunterricht.

Dieses Neutralitätsgesetz berücksichtigt konsequent die Tatsache, dass Berlin eine multikulturelle Gesellschaft ist. Daher heißt es auch in der Begründung des Senats von Berlin zu dem Gesetz:

> »Die positive Glaubensfreiheit findet ihre verfassungsimmanente Schranke in anerkannten Verfassungsgütern wie dem staatlichen Neutralitätsgebot und der staatlichen Pflicht, die konkurrierenden Grundrechtspositionen anderer zu schützen. Zu diesen Grundrechtspositionen gehört aber auch die negative Glaubensfreiheit, keinen Glauben haben zu müssen und nicht vom dem Glauben anderer in der eigenen Lebensgestaltung beeinträchtigt zu werden. Diese negative Glaubensfreiheit bezieht sich auch auf Symbole, in denen ein Glaube oder eine Religion sich darstellt ... Dabei ist auch die Besonderheit des Landes Berlin zu berücksichtigen, das mit seiner großstädtisch-heterogenen Bevölkerungsstruktur und seiner konfessionellen Vielgestaltigkeit ein

besonderes Konfliktpotential bietet und daher stärker nach einer restriktiven Regelung verlangt.« (Drucksache 15/3249 des Abgeordnetenhauses von Berlin vom 8.10.2005: 6)

Im Prinzip scheint dies der einzig richtige Weg zu sein: der Staat ist laizistisch und hat die Religion zwar zu schützen, aber sie nicht staatspolitisch gewähren zu lassen.

Politische Gegenposition

Aus Sorge um die desintegrative Wirkung der öffentlichen Debatte und der geplanten Verbotsgesetze auf Landesebene, die zu einer allgemeinen Stigmatisierung aller kopftuchtragenden Frauen in allen Lebensbereichen beitragen könnte,[24] haben siebzig weibliche Persönlichkeiten aus Politik, Gesellschaft, Wissenschaft und Medien einen »Aufruf wider ein Lex Kopftuch« veröffentlicht, darunter Marie-Luise Beck, Beauftragte der Bundesregierung für Migration, Flüchtlinge und Integration, Barbara John, Koordinatorin für Sprachförderung und langjährige Ausländerbeauftragte des Senats von Berlin und Rita Süßmuth, Vorsitzende des Sachverständigenrates für Zuwanderung und Integration und Bundestagspräsidentin a.D. Sie argumentieren u.a. zu den möglichen Folgen eines Lex Kopftuch:

> »Darüber hinaus spiele ein Kopftuchverbot in seiner über die Berufsgruppe der Lehrerinnen hinausgehenden Stigmatisierung des Kopftuches als politisches Symbol des islamischen Fundamentalismus und der Frauenunterdrückung gerade denjenigen Gruppen in die Hände, für die die Ausgrenzung von Muslimen und Musliminnen aus der Gesellschaft ideologische Voraussetzung für den Rückzug in die Eigengruppe und eine weitere Radikalisierung sein kann.«[25]

Diese politische Einschätzung kann richtig sein, aber sie ist es nicht zwangsläufig.

Europäischer Gerichtshof für Menschenrechte / Kopftuch-Entscheidung

Bemerkenswert in diesen Zusammenhang ist die Entscheidung des Europäischen Gerichtshof für Menschenrechte im November 2005 im Fall Leyla Sahin gegen die Türkische Republik. Kurz der Sachverhalt:

---

24 Bericht der Beauftragten der Bundesregierung für Migration, Flüchtlinge und Integration über die Lage der Ausländerinnen und Ausländer in Deutschland. Juni 2005 Berlin, S. 227.

25 Ebenda, S. 227.

Eine türkische Frau namens Leyla Şahin klagte, dass sie sich durch das Verbot des türkischen Staates, das Kopftuch in der Universität zu tragen in mehreren Punkten diskriminiert fühlt. Der Gerichtshof entschied in Bezug auf die Europäische Konvention der Menschenrechte:

- 16 zu 1 Stimme: keine Verletzung des Artikels 9 (Freiheit des Gedankens, des Bewussteins und der Religion)
- 16 zu 1 Stimme: keine Verletzung des Artikels 2 des Protokolls Nr. 1 (Recht auf Erziehung)
- einstimmig: keine Verletzung des Artikels 8 (Recht auf Respekt des privaten und Familienlebens)
- einstimmig: keine Verletzung des Artikels 10 (Meinungsfreiheit)
- einstimmig: keine Verletzung des Artikels 14 (Verbot der Diskriminierung)

Die Argumente der 16 Richter lassen sich wie folgt zusammenfassen:

Die Freiheit der Kleidung in Institutionen ist nicht absolut. Der Gerichtshof sieht eine gesetzliche Basis dafür im türkischen Recht vor, das im besonderen auf den Prinzipen des Säkularismus (Trennung von Staat und Religion) und der Gleichheit beruht. Der Säkularismus als Garant der demokratischen Werte, als Treffpunkt von Freiheit und Gleichheit.

Das Tragen des islamischen Kopftuches als wahrgenommene religiöse Pflicht verstößt gegen die Recht und Freiheiten der Anderen und die Aufrechterhaltung der öffentlichen Ordnung. Das Recht auf Bildung wird dadurch nicht eingeschränkt.

Fazit: Interdependenzpolitik statt Kopftuch-Debatte

Die Kontroverse »Kopftuch-Verbot *ja* oder *nein*« löst keinerlei Integrationsprobleme in der deutschen Gesellschaft, denn diese Debatte wird auf einem Nebengleis gesellschaftlicher Konfliktlinien geführt. Bei der Frage des Verhältnisses von Mehrheit zu Minderheit geht es um gleichberechtigte Chancen für beiden Seiten in unserer Gesellschaft, wie u.a.

- qualifizierte Bildung und Ausbildung für Alle,
- berufliche Möglichkeiten am Arbeitsmarkt,
- politische Beteiligung in der Demokratie oder
- allgemeiner um sozialen Aufstieg durch eine durchlässige soziale Mobilität.

Hierzu werden im 6. Kapitel konkrete Aussagen und Vorschläge unterbreitet.

Arrangiertes Heiraten contra Menschenrechte?

Seit 2003 steht das Thema »arrangiertes Heiraten« oder »Zwangsverheiratung« auf der Tagesordnung migrationspolitischer Diskussionsrunden, diverser Anhörungen und zahlreicher Presseberichte. Das Wort »arrangieren« bedeutet »gestalten, anordnen, einrichten«. Es kommt aus dem Französischen und ist ein Bildung zu »ranger«=»aufstellen, einreihen, einordnen«. Es leitet sich von germanischen »Rang« ab, das eigentlich »Kreis« bedeutet (vgl. Deutsch »Ring«). Arrangiertes Heiraten heißt also, dass der Partner aus dem Kreis der Familie, der Verwandtschaft kommt.

Varianten der Zwangsverheiratung

Türkische Mädchen werden von ihren Eltern gegen den eigenen Willen durch die Eltern oder einen anderen Angehörigen der Familie gezwungen, einen ausgewählten Partner zu heiraten: Hierbei fallen drei Varianten auf:

1. Junge (türkische) Frauen in Deutschland werden gegen ihren Willen in die Heimat gebracht, um dort einen für sie ausgewählten Partner in der Türkei zu heiraten und verlieren bei längerer Abwesenheit ihr Aufenthaltsrecht in Deutschland.
2. Junge (türkische) Frauen werden aus der türkischen Heimat angeworben, um einen in Deutschland lebenden Partner zu heiraten.
3. In Deutschland lebende Frauen werden zur Heirat mit einem in Ausland lebenden Partner gezwungen, um diesem ein Aufenthaltsrecht in Deutschland auf dem Wege des Ehegattennachzugs zu verschaffen.

Alle bisherigen Schätzungen sind nur begrenzt aussagefähig. Bei einer nicht repräsentativen Umfragen unter fünfzig Hilfsorganisationen in Berlin wurden ca. 220 Fälle genannt. Im einer Studie des Bundesministeriums für Familie, Senioren, Frauen und Jugend zu Gewalt gegen Frauen wird geschätzt, dass ca. die Hälfte der Frauen zwangsverheiratet wurden. Die engagierte Soziologin Necla Kelek hat in ihrem Buch *Die Fremde Braut* (2005) einen »Bericht aus dem Inneren des türkischen Lebens in Deutschland« geliefert. Laut Statistik des Auswärtigen Amtes kam es im Jahre 2001 zu einem Zuzug von 21.447 Personen aus der Türkei aufgrund von Familienzusammenführungen, um hier in Deutschland jemanden zu heiraten.

> »Ich gehe davon aus – alle Recherchen sprechen dafür –, dass mindestens die Hälfte dieser Ehen arrangiert oder erzwungen wurden. Warum sollte ein junger Mann aus Berlin, Hamburg oder Köln ausgerechnet ein Mädchen aus Anatolien heiraten, das er meist höchstens einmal vor der Eheschließung gesehen hat.« (Kelek 2005: 219)

Necla Kelek spricht von der »Tragödie der arrangierten Ehe« und spricht sich vehement gegen eine Akzeptanz des arrangierten Heiratens im Sinne einer »Anerkennung der kulturellen Differenz« aus.

Zwangsverheiratungen verstoßen gegen die Allgemeine Erklärung der Menschenrechte, denn Artikel 16 garantiert die freie Eheschließung und die selbstbestimmte Partnerwahl. Auch das Strafgesetzbuch stuft das als Nötigung ein. Einige Bundesländer, darunter Baden-Württemberg wollen ein »Zwangsheirat-Bekämpfungsgesetz« durchsetzen. Obgleich ein Gesetz nicht automatisch kulturelle Gewohnheiten und Sitten ändern kann, ist es doch ein Schritt, um ein zu veränderndes Bewusstsein und Verhalten einzuleiten, das sich an den Normen der deutschen Rechtskultur orientiert. Da die große Mehrheit der türkischen Mädchen und Frauen in Umfragen eine Zwangsheirat ablehnen, werden sie durch ein solches Gesetz in ihren Positionen gegen ihre Eltern unterstützt. Die anzuerkennende und zu befolgende Rechtskultur ist die wichtigste Integrationsstrategie.

Fundamentalismus contra Grundgesetz

Der Begriff »Fundamentalismus« wird im *Duden Fremdwörterbuch* in drei Bedeutungsfeldern wie folgt definiert:

> »1. geistige Haltung, die durch kompromissloses Festhalten an (ideologischen, religiösen) Grundsätzen gekennzeichnet ist. 2. eine streng bibelgläubige, theologische Richtung im Protestantismus der USA, die sich gegen Bibelkritik und moderne Naturwissenschaft wendet und 3. Bewegung im Islam, die die ursprüngliche und reine islamische Religion zur Grundlage des politischen und sozialen Lebens zu machen sucht.«

Fundamentalismus ist also nicht einseitig auf den Islam zu beschränken, aber in Deutschland und Europa wird nur der Islam unter diesem Vorzeichen diskutiert. Bekannt geworden ist besonders der Fall des selbsternannten »Kalifen von Köln«, Herrn Kaplan, der einen islamischen Gottesstaat schaffen will. Wer offen oder versteckt gegen das Grundgesetz verstößt, um z.B. die demokratische Grundordnung abzuschaffen, der muss entweder ausgewiesen oder auch nach bundesdeutschen Gesetzen vor Gericht gestellt werden. Als gesellschaftspolitische Frage bleibt allerdings zu klären, wie man sich mit den Religionen auseinandersetzt.

Werteunterricht und Religion
Artikel 4 des Grundgesetzes zur Glaubens-, Gewissen- und Bekenntnisfreiheit legt dem Staat eine weltanschaulich-religiöse Neutralität auf, d.h. der Staat hat zwar die Religionsfreiheit zu garantieren und zu schützen, aber er ist nicht der verlängerte Arm etwa der katholischen oder protestantischen Kirche in der Schule. Daher praktizieren die Bundesländer Bremen und Berlin seit dem Inkrafttreten des Grundgesetzes 1949 die ihnen zugestandene Ausnahme, dass Religion kein Unterrichtspflichtfach ist, sondern nur freiwillig auf Elternwunsch in der Schule angeboten werden kann, aber nicht muss. Diese Regelung halte ich für richtig: Religion ist reine Privatsache.

Aber die Religion hängt eng mit dem Thema »gesellschaftliche Werte und Normen« zusammen, denn sie ist letztlich auch eine moralische Instanz. Daher ist unbedingt in einer multikulturellen Gesellschaft die Frage zu diskutieren, welche Werte für alle Kinder, Jugendliche und Erwachsene rechtlich und auch moralisch verbindlich sind. Genau an diesem Punkt setzt der geplante Werteunterricht des Landes Berlin ein.

Berlin ist wie viele bundesdeutsche Großstädte stark multiethnisch durch unterschiedliche religiöse und atheistische Milieus und soziale Parallelgesellschaften geprägt. Aus diesem Grund ist es notwendiger denn je, dass die »Verschiedenheiten« nicht nur koexistieren, sondern sich auch gegenseitig begegnen und auseinandersetzen, damit im Konfliktfall gemeinsame Regeln des Diskurses und der wechselseitigen Anerkennung gelten. Die Schule ist einer der wichtigsten Orte, an dem das unbedingt geschehen muss. Je früher eine tolerante Sozialisation beginnt, desto eher ist sie im Erwachsenenalter wirksam. Die geplante Einführung des Werteunterrichts an den Berliner Schulen führte zu einer heftigen Auseinandersetzung mit den beiden großen christlichen Kirchen, die ihr Fach Religion, das in Berlin nur freiwillig angeboten wird, als wählbare Alternative zum Werteunterricht sehen. In diesem Streit, warum das neue Fach nicht zugunsten von Religion abgewählt werden darf, argumentiert der Regierende Bürgermeister Klaus Wowereit (SPD) »figurativ« im Sinne der Wechselseitigkeiten in einer multikulturell-pluralistischen Gesellschaft:

> »Wir sind in der historisch neuen Lage, dass die Pluralität unserer offenen Gesellschaft neue Fragen aufkommen lässt: Einerseits beanspruchen gerade in unserer multikulturellen Stadt mehrere Religionen Zugang zur Schule, andererseits gibt es immer mehr Kinder, die in unserer säkularisierten Welt kaum noch Zugänge zu Religion haben. Was bedeuten diese neue Entwicklungen für den Staat, seine schulischen Verpflichtungen denn für den Religionsunterricht? ... Die Einführung eines Werteunterrichts ist eine richti-

ge Antwort auf die oben geschilderten gesellschaftlichen Veränderungen. Wichtig dabei ist seine allgemeine Verbindlichkeit, eine Abwählbarkeit zu Gunsten eines Religionsunterrichts würde verhindern, dass alle alles kennen lernen. ... Es muss vermittelt werden, was die verschienenen Religionen ausmacht, gegenüber denen Toleranz geübt werden soll. Insofern ist der allgemein bildende Anspruch von Werteunterricht kein Angriff auf die Religionsgemeinschaften, sondern ein zeitgemäße Antwort auf die Vielfalt unserer Gesellschaft.« (Tagesspiegel v. 8. April 2005)

Der Werteunterricht ist eine geeignete interdependenzpolitische Strategie, um rechtskulturelle Normen und Verhaltensweisen kurzfristig zu lernen, sie mittelfristig bewusst anzuerkennen und langfristig als Bürger in seinen Handlungen zu befolgen.

Ehrenmorde contra deutsches Strafgesetz

Auf der normativen Grundlage des traditionalen Begriffs der Ehre – türkisch »namus« – werden diese »Ehrenmorde« begangen. Dieser Ehrbegriff beinhaltet in erster Line die Keuschheit der Frau, die es bis zur Eheschließung als Erhalt der Jungfräulichkeit zu wahren gilt und die während der Ehe nicht durch Ehebruch zu verletzten ist.

> »Die Ehre des Mannes hängt danach von seiner Fähigkeit ab, die sexuelle Integrität der Frauen seiner sozialen Gruppe zu garantieren; ein außereheliches Verhältnis zerstört die Ehre einer Frau bzw. ihres Mannes und ihrer Familie, während ein solches Verhältnis bei einem Mann zwar missbilligt wird, aber keine Konsequenzen in Bezug auf die Ehre hat. Der Mann hat in diesem Ehrkonzept die Möglichkeit, seine Ehre durch »Bestrafung« der Frau (Verstoßen, Töten) wieder herzustellen.« (Migrationsbericht 2005: 300f)

Laut Einschätzung der Vereinten Nationen ist der »Ehrenmord« in mindestens dreizehn Ländern verbreitet – so u.a. in der Türkei, Pakistan, Iran, Libanon, aber auch in Brasilien, Indien und Italien. Nach Schätzung des *UN-Weltbevölkerungsberichts 2000* gibt es pro Jahr rund 5.000 Opfer sog. »Ehrenmorde«.

Trotz mangelnder wissenschaftlicher Untersuchungen ist anzunehmen, dass diese »Ehremorde« (vgl. Migrationsbericht 2005: 302) in sozial schwierigen Familienverhältnissen vorkommen: soziale Problemlagen, niedriger Bildungsstand, Generationskonflikte im Spannungsfeld von Tradition und Moderne und sozialer Druck von Familien aus der gleichen Heimatregion begünstigen solche Taten. Um solche Ehrenmorde zu verhindern, zieht der Migrationsbericht folgende Schlussfolgerungen:

> »Ein Schwerpunkt sollte zukünftig auf die Prävention gelegt werden. Migrantinnen sollten durch speziell auf sie zugeschnittene Materialien über ihre Rechte informiert werden. Gleichzeitig sieht die Beauftragte in der Zusammenarbeit mit Vertreterinnen und Vertretern der Migrantencommunities einen viel versprechenden Weg, kultursensibel die grundlegenden Menschenrechte von Frauen zu schützen, gleichzeitig kultur-relativistische Eingrenzungen ihrer Rechte zurückzuweisen und so nachhaltig zum Schutz von Migrantinnen vor Gewalt beitragen zu können.« (Migrationsbericht 2005: 305).

Im Sinne der Anerkennung und der Durchsetzung der in Deutschland geltenden Rechtskultur kann es keinen Zweifel geben, dass hier der Staat bzw. die Justiz schärfstens gegen Rechtsverstöße vorgehen müssen. Für Mord kann es kein Verständnis im Sinne »kultureller Differenz« geben.

Fazit: Solange die Lebenswelten der verschiedenen Milieus oder der sozialen und ethnischen Parallelgesellschaften nicht gegen die systemische Rechtskultur als verbindliches Leitbild der deutschen Gesellschaft verstoßen, kann Jede/r so leben, wie er/sie möchte. Die Grenze dieser soziokulturellen Selbstbestimmung des Individuums oder einer Gruppe wird dann überschritten, wenn die geltende Rechtsordnung der Bundesrepublik Deutschland nicht anerkannt, beachtet und befolgt wird.

In diesem Zusammenhang ist es lesenswert, wenn sich der einflussreiche deutsche Staatsrechtlers Dieter Grimm zum Verhältnis Religion und Geltung des Grundgesetzes äußert.

> »Wir kommen heute häufiger mit Religionen oder religiösen Strömungen in Verbindung, die nicht nur einen Wahrheitsanspruch erhaben, das tut das Christentum ja auch, sondern auch andere dieser Wahrheit unterwerfen wollen, was das Christentum mittlerweile aufgegeben hat. Hier kann es keine Konzessionen gegen. Die Religionsfreiheit erlaubt, dass man für seine Religion wirbt. Sie erlaubt nicht, dass man sie anderen aufzwingt. ... Wir vertragen eine gute Portion Andersartigkeit, jedenfalls solange nicht Dritte Schaden nehmen oder fundamentale Prinzipien unserer Gesellschaftsordnung berührt werden.« (Interview in der *Süddeutschen Zeitung* v. 14. Februar 2006, S. 6)

Kapitel VI

Interdependenzpolitik – Wechselseitige Rechte und Pflichten von Mehrheit und Minderheit

Fiktiver Prolog VI: Annika Brücke

Frau Annika Brücke hat eine multiethnische Gesamtschule in Berlin-Kreuzberg besucht und in ihrem Freundeskreis auch einige Bekannte mit Migrationshintergrund. Dies war ein Anstoß, nach dem Abitur Sozialarbeit an einer Fachhochschule zu studieren und in dieser Zeit ein Praktikum in der Türkei zu absolvieren. Als studierte Sozialarbeiterin arbeitet sie jetzt als Quartiersmanagerin in einem multiethnischem Stadtteil einer deutschen Großstadt, in dem viele verschiedene ethnischen Gruppen mit ihren sozialen Problemen und ihren wechselseitigen Vorbehalten bis hin zu Vorurteilen leben.

Ausgangspunkt für die eingeforderte Interdependenzpolitik ist die Eingangsthese, dass es kein Problem der Minderheit(en) an sich gibt, sondern nur ein Problem der Mehrheit in Bezug auf die Minderheit(en). In diesem letzten Kapitel geht es um die konkrete Veränderung der Politik der Mehrheit in Bezug auf die Minderheiten. Das Verhältnis beider Seiten im Alltag der verschiedenen Lebensbereiche Arbeit, Wohnen, Bildung und Freizeit ist neu zu gestalten. Oder anders gesprochen: Wer hat welche Rechte, welche Pflichten bestehen in unserer Gesellschaft und welche Brücken müssen zwischen der Mehrheit und den Minderheiten gebaut werden.

Interdependenzpolitik und Empowerment

Normalerweise wird in der interethnischen Diskussion nur von einer Minderheitenpolitik geredet, die parteipolitisch sehr unterschiedlich bewertet wird:
- Aus der rechten politischen Perspektive argumentieren die Politiker, dass die Minderheit ihre kulturellen Assimilationspflichten zu erfüllen und sich den Spielregeln der Mehrheit zu unterwerfen hat, d.h. sie möge sich der deutschen Kultur anpassen.
- Dagegen bedeutet dies aus der linken politischen Perspektive, dass man die Minderheit darin unterstützen muss, ihre kulturellen Eigenarten zu schützen. Der Mehrheit wird vorgeworfen, dass sie nicht tolerant sei.

Beide Standpunkte sind einseitig, denn sie berücksichtigen nicht die dialektische Wechselseitigkeit zwischen Mehrheit und Minderheit.

Ulrich Beck und Edgar Grande (2004: 125ff) haben in ihrem Buch *Das kosmopolitische Europa* den Begriff »Interdependenzpolitik« geprägt. Dieser Begriff hat für sie zwei Aspekte: erstens »Wahrnehmung und Schaffung von Interdependenzen« und zweitens »Schmieden von Interdependenzen«. In Bezug auf Europa geht es ihnen um die wechselseitigen Abhängigkeiten der europäischen Nationalstaaten. Dieser analytische Ansatz wird als strategisches Denken auf das Verhältnis vom Mehrheit zu Minderheiten übertragen. Statt »Interdependenzpolitik« ließe sich auch »Figurationspolitik« sagen. Was heißt das?

Zur Figuration von Mehrheit und Minderheit

Die Bundesrepublik Deutschland ist eine gesellschaftliche Figuration. Dieses begriffliche Werkzeug stammt aus dem soziologischen Analyse-Repertoire des Soziologen Norbert Elias (1897-1990), um die soziale Zusammenhänge von Individuum und Gesellschaft inhaltlich und sprachlich zu erfassen. Es geht um die interdependenten oder wechselseitigen Abhängigkeiten der Mitglieder in der Familie, der Lehrer und Schüler in der Klasse, der Kinder und Erzieher im Kindergarten, der Einwohner eines Dorfes oder Stadtteils bis hin zu den über mehrere »Stationen« verbundenen Bewohner einer Großstadt oder sogar eines Landes.

Ob sie es wollen oder nicht, auch die Mehrheit und die Minderheit in der deutschen Gesellschaft sind untrennbar interdependent miteinander verwoben, wenn anscheinend auch partiell soziale und/oder ethnosoziale Parallelgesellschaften existieren. Diese Interdependenzen zeigen sich in vielen Lebensbereichen:

- Wer Sozialhilfe – jetzt Hartz IV – erhält, der ist abhängig von den Menschen, die regelmäßig Steuern zahlen, und von dem Sachbearbeiter im Amt, der sie bewilligt.
- Wer heute – als Deutsche/r – in einem Krankenhaus liegt, der ist angewiesen, dass meist nicht-deutsches Personal – meist als Hilfskräfte, aber in Zukunft auch von nicht-deutschen Ärzten – ihn/sie behandelt.
- Wer heute ein in Deutschland hergestelltes Auto kauft, der vergisst, dass in der deutschen Automobilindustrie ein großer Prozentsatz der Arbeiter am Fließband ausländische Arbeitskräfte sind.
- Wer heute als Deutsche/r frisches Obst und Gemüse kaufen möchte, der geht eher zum türkischen Händler.
- Wer als Türke / Türkin sich politisch engagieren will, der/die geht in eine »deutsche« Partei und wird dort Abgeordneter. Prominentes Beispiel ist Cem Özdemir bei den GRÜNEN, zunächst Mitglied im Deutschen Bundestag und seit 2004 im Europäischen Parlament.
- Wer als ungelernte oder gering qualifizierte Türkin einen Job sucht, der findet evtl. eine Arbeit in Haushalten der deutschen Mittelschicht.
- Wer sich als einkommensschwache deutsche Familie eine billige Mietwohnung suchen muss, der kann sich das Wohnquartier nicht aussuchen, sondern wird daher wahrscheinlich mit anderen Familien der ethnischen Unterschicht im gleichen Stadtteil wohnen.
- Wer als Student/in die multikulturelle Atmosphäre in Berlin genießen möchte, der/die zieht bewusst in seiner Studienzeit in ein multiethnisches Stadtviertel wie Kreuzberg, Moabit, Neukölln-Altstadt oder Wedding.

Diese konkreten Beispiele ließen sich unendlich fortsetzen. Die Bundesrepublik Deutschland ist auch in ihren wirtschaftlichen Arbeitszusammenhängen ein »Mehrheits-Minderheits-Land«, eine Figuration mit großen wechselseitigen Abhängigkeiten.

Wechselseitigkeit von Rechten und Pflichten der Mehrheit und Minderheit

Der Kernsatz für die folgenden Argumentationsketten beruht auf den normativen Prämissenbündel: Rechte und Pflichten sind zwei Seiten einer Medaille in der deutschen Gesellschaft, denn es gibt Rechte und Pflichten der Minderheit in Bezug auf die Mehrheit(sgesellschaft) und ebenso gibt es Rechte und Pflichten der Mehrheit in Bezug auf die Minderheiten.

Das bedeutet letztlich eine spiegelbildliche Politik, d.h. konkret: die Rechtsforderungen der Mehrheit sind zu erfüllende Pflichtpunkte der Minderheiten, aber auch umgekehrt: die Rechte der Minderheit an die Mehrheitsgesellschaft sind zu erfüllende Pflichtpunkte der Mehrheit. Das wird nachfolgend an den Politikfeldern »Sprache«, »Bildung«, »Arbeit- und Sozialpolitik«, »Medien« und »politische Partizipation« analysiert und mit konkreten Handlungsstrategien (I-V) versehen.

Empowerment

In der gesellschaftspolitischen Analyse sozialer und ethnischer Minderheiten wird meist davon ausgegangen, dass diese sozialen Gruppen Defizite zeigen, die sich durch gezielte Maßnahmen ausgleichen lassen – so ähnlich wie in der Arbeit mit Behinderten. In der Sozialen Arbeit vollzieht sich zur Zeit ein für die Praxis folgenreicher Perspektivwechsel: von der bisherigen traditionellen Defizitorientierung des Klienten hin zur Ressourcenorientierung.

In diesem Zusammenhang wird in der Sozialen Arbeit seit einigen Jahren vermehrt von »Empowerment« gesprochen (vgl. Bullinger & Nowak 1998). Damit wird eine Debatte rezipiert, die in der Gemeindepsychologie und Sozialarbeit der USA bereits seit längerem geführt wird. Heiner Keupp definiert Empowerment wie folgt:

> »Empowerment meint den Prozeß, innerhalb dessen Menschen sich ermutigt fühlen, ihre eigenen Angelegenheiten in die Hand zu nehmen, ihre eigenen Kräfte und Kompetenzen zu entdecken und ernst zu nehmen und den Wert selbsterarbeiteter Lösungen schätzen zu lernen. Empowerment bezieht sich auf einen Prozeß, in dem die Kooperation von gleichen oder ähnlichen Problemen betroffenen Personen durch ihre Zusammenarbeit zu synergetischen Effekten führt. Aus der Sicht professioneller und institutioneller Hil-

> fen bedeutet die Empowerment-Perspektive die aktive Förderung solcher solidarischer Formen der Selbstorganisation.« (Keupp 2005: 234)

Empowerment bedeutet, individuelle und gemeinschaftliche Stärken zu entdecken, zu nutzen oder anzuregen. Leitende Grundüberzeugung ist die Orientierung an den Stärken der Adressaten Sozialer Arbeit (Herriger 1995: 35).

> »Empowermentprozesse erzählen Geschichten von Menschen und ihren Zusammenschlüssen, denen es gelungen ist, ihre eigenen Ressourcen und Stärken zu erkennen und diese in soziale Handlungen umzusetzen.« (Stark 1996: 197f.)

In diesem Sinne geht es auch hier um soziale Unterstützung. Der Ansatz setzt gezielt bei den Ressourcen und Stärken der Menschen und ihren Potentialen zur Lebensbewältigung an. Nach Norbert Herriger (1995: 35-39) bedeutet dies dreierlei:

(a) auf der individuellen Ebene ein Unterstützungsmanagement zur Mobilisierung von Ressourcen,
(b) auf der Gruppenebene eine Netzwerk-Arbeit und die Unterstützung von Selbstorganisation und
(c) auf der institutionellen Ebene eine Konsumentenkontrolle (Bürgerbeteiligung) und sozialpolitische Einmischung.

Empowerment ist also zuvorderst eine bestimmte professionelle Haltung gegenüber dem Klienten, denn dieser soll nicht vom professionellen Helfer abhängig gemacht und abhängig gehalten werden, sondern von dessen Unterstützung und seiner Hilfeleistungen unabhängig werden, also sich auf seine eigenen Ressourcen verlassen können.

Forderungskatalog

In dem Wechselverhältnis zwischen Mehrheit und Minderheit brauchen wir einen doppelten Perspektivwechsel:

- Mehrheit und Minderheit bilden in der bundesdeutschen Gesellschaft eine Figuration wechselseitiger Abhängigkeiten, die im Rahmen einer Interdependenzpolitik handlungsstrategisch zu berücksichtigen ist.
- Die Mehrheit hat sich auf einen permanenten Dialog mit der Minderheit einzustellen, der man sowohl Rechte geben, von der man aber auch Pflichten fordern kann bzw. sogar muss.
- Minderheiten, ob sozial oder ethnisch, sind a priori nicht defizitär, sondern sie haben im Sinne des Empowerment-Ansatzes auch Ressourcen, an den in der Handlungsstrategie anzusetzen ist.

Handlungsstrategie I: Sprachenpolitik

»So viele Sprachen man spricht, so viele Male ist man Mensch.«
»Wer fremde Sprachen nicht kennt, weiß nichts von seiner eigenen.«
(Johann Wolfgang von Goethe)

Wie Recht hat er! Doch die Diskussion um die Sprache wird in Deutschland emotional und kontrovers geführt. In den meisten Regionen der Welt ist die Mehrsprachigkeit der Menschen Alltag, in fast allen Ländern Afrikas und Asiens, aber auch teilweise in Europa, z.B. Indien, Tansania, Belgien, Katalonien, Kurdistan, in vielen Republiken Russlands bzw. der ehemaligen Sowjetunion (Kaukasus, Tatarstan, Usbekistan). Und der englische Philosoph John Locke (1632-1704) sagte:

> »Die Sprache ist der große Kanal, durch den die Menschen einander ihre Entdeckungen, Folgerungen und Erkenntnisse vermitteln.«

Folgende Tatsachen sind heute in der Bundesrepublik Deutschland nicht zu leugnen.

– Wenn rund zehn Millionen Menschen mit Migrationshintergrund aus über hundert Ländern in unserem Lande leben, dann ist die deutsche Gesellschaft auf jeden Fall mehrsprachig.
– Die deutsche Bildungspolitik verkennt vollkommen den wissenschaftlich nachweisbaren Zusammenhang von Herkunfts- und Unterrichtsprache für die sprachliche Sozialisation der Migrantenkinder.
– Die Mehrzahl der Bildungseinrichtungen orientiert sich konzeptionell immer noch an deutscher Einsprachigkeit.
– Die muttersprachlichen Deutschen sind in ihrem Sprachvermögen weitgehend monolingual; im Vergleich zu unseren Nachbarvölkern in der Europäischen Union wie den Belgiern, Dänen, Finnen, Luxemburgern, Niederländern und Schweden sind Fremdsprachenkenntnisse in Deutschland nicht allzu verbreitet.

Sprache als Brücke

Im Zentrum der Auseinandersetzungen zwischen der deutschen Mehrheit mit »ihren« Minderheiten steht der massive und teilweise auch berechtigte Vorwurf, dass ein größerer Teil der ethnischen Minderheiten, insbesondere der türkisch- und arabischsprachigen Gruppen die deutsche Sprache nur schlecht, mangelhaft und häufig gar nicht beherrschen. Die Sprache ist zweifellos die entscheidende »Brücke« zwischen Mehrheit und Minderheit und damit wahrscheinlich der wichtigste, wenn auch nicht der alleinige Faktor für eine Integration in die Mehrheitsgesellschaft.

> »Fehlende Deutschkenntnisse behindern den schulischen Lernerfolg und damit später den beruflichen Erfolg und die gesellschaftliche Partizipation eines Menschen in diesem Land.« (Geiger 2004: 264)

Da sich die Bundesrepublik Deutschland inzwischen von einer dominanten Industrie- zu einer gemischten Industrie- und Dienstleistungsgesellschaft entwickelt hat, werden immer weniger Arbeitskräfte mit geringen Qualifikationen gesucht. Wenn es überhaupt noch größere berufliche Chancen in Zukunft realiter gibt, dann in den vielfältigen Bereichen der humanen Dienstleistungen wie Alten- und Krankenpflege, Felder der Sozialen Arbeit, Lehre und Fortbildung. Alle Berufe mit Dienst am Menschen sind untrennbar mit der guten Kenntnis der (deutschen) Sprache verbunden. Aus diesem Grunde wird dieser Sprach-Debatte eine Diskussion des Bildungssystems vorgeschaltet.

Doppelte Halbsprachigkeit

Wenn man in Berlin öffentliche Verkehrsmittel wie die U-Bahn in den Bezirken Kreuzberg, Neukölln oder Wedding benutzt, dann ist man zunächst fasziniert, wie z.B. türkische Kinder und Jugendliche sekundenschnell zwischen zwei Sprachen wie Deutsch und Türkisch wechseln und gelegentlich noch englische Fachbegriffe aus der Computer- oder Musiksprache fallen lassen. Doch dieser erste Eindruck besagt noch nicht, bis zu welchem Sprachniveau diese mögliche Zweisprachigkeit reicht. Denn hier setzt die Gretchenfrage ein: Führen diese Jugendlichen und jungen Erwachsenen ein »Leben zwischen zwei Kulturen« oder genießen sie die Vorteile eines »Lebens mit zwei Kulturen«?

Beim ersten Zuhören ist die Frage nicht zu beantworten, auf welchem sprachlichem Niveau diese Kommunikation verläuft. Für den sprachlichen Umgang im Alltag kann sie genügend sein, aber ist sie auch ausreichend für den Besuch einer Realschule oder etwa eines Gymnasiums oder für den Umgang mit der Verwaltung oder für das Lesen eines anspruchsvollen Zeitungstextes? Hier setzt die traurige soziale Sprachrealität an, wenn Ertekin Öczan, der Vorsitzende des türkischen Elternvereins in Berlin, vor Jahren den Begriff der »doppelten Halbsprachigkeit« geprägt hat. Er meint damit, dass der/die Betroffene nicht in der Lage ist, sich in einer der beiden Sprachen gut auszudrücken.

Mehrfache Teil-Sprachigkeit

Diese sprachlichen Defizite können sogar zu einer »mehrfachen Teil-Sprachigkeit« anwachsen, wenn man sich folgende durchaus möglichen Falle vor Augen führt: Da es nur sehr unzulängliche Schätzungen über die Zahl der Kurden bzw. den Anteil der Kurdisch sprechenden Menschen in der Republik Türkei gibt, so ist auch nicht exakt möglich, die Zahl der in Deutschland lebenden Kurden genauer zu bestimmen. Aber mit einem prozentualen Anteil von rund 25 % Kurden an der Gruppe der Staatsbürger mit türkischen Pass liegt man ungefähr richtig. In der Bundesrepublik Deutschland können daher bis zu einer halben Million Menschen als Kurden eingestuft werden. Was heißt das für ein elfjähriges Kind einer türkischen Familie (laut Pass) mit Kurdisch als Muttersprache?

- Zu Hause bei den Eltern lernt und spricht das Kind Kurdisch, das die Eltern jedoch nur mündlich können, aber nie als Schriftsprache (in der Türkei) lernen konnten.
- Auf der Straße im ethno-türkischen Stadtteil lernt und spricht es Türkisch mit anderen Kinder türkischer Herkunft und Sprache.
- In der Grundschule ist die Pflichtunterrichtssprache Deutsch – meist zusammen mit vielen anderen ausländischen Kindern.
- Meist ab der 5. Klasse ist Englisch die erste Fremdsprache.

Das Kind hat in seinem Lebensalltag sehr schnell mit zwei, dann drei und schließlich vier Sprachen zu jonglieren, ohne unter Umständen eine einzige von ihnen jemals grammatikalisch korrekt und mit einem großen Wortschatz gelernt zu haben. Das muss fast zwangsläufig zu einer mehrfachen Teil-Sprachigkeit führen. Bei der Forderung nach muttersprachlichen Erstunterricht wird auf dieses Beispiel noch einmal zurückgegriffen.

Ähnlich ist die Situation bei den jungen Aussiedlern, die in der Sowjetunion bzw. in Russland mit Russisch als Muttersprache großgeworden sind und nun in ein für sie sehr fremdes Land gekommen sind, weil es ihre Eltern so wollten und es gut meinten, um ihren Kindern eine andere wirtschaftliche Perspektive zu geben. Für junge Immigraten ist Deutschland ein fremdes Land und Deutsch die erste Fremdsprache, denn als Mutter- bzw. Herkunftssprache haben sie nur Russisch gelernt.

Ursachen

Diese doppelte Halbsprachigkeit hat ihren doppelten Ursachenkomplex im Verhalten von Minderheit und Mehrheit in dieser sprachpolitischen Debatte zum Verhältnis von Herkunfts- und Zweitsprache.

Erstens hat die Mehrheit keine intellektuelle Einsicht in die Zusammenhänge des Lernens von Herkunfts- und Zweitsprache und verfolgt daher eine vollkommen falsche Sprachenpolitik seit Beginn der Einwanderung in die Bundesrepublik Deutschland. Immer noch herrscht die Auffassung vor, dass »die Herkunftssprache doch nicht wichtig sei«, denn »die kehren doch sowieso nicht zurück« und »sie sollen lieber Deutsch lernen«. Das führt zwar einerseits als Folge des PISA-Schocks zu verstärkten Anstrengungen, den Deutschunterricht für diese Migrantenkinder zu verstärken, aber zugleich zum Abbau des Unterrichts in der Herkunftssprache. Und das ist ein großer Fehler.

Zweitens ist ein großer Teil der Minderheit nicht bildungsmotiviert. Zuhause wird eine Zweisprachigkeit nicht praktiziert. Das Problem ist allerdings weniger ein ethnisches, als ein soziales Defizit. Die große Mehrheit der nach Deutschland gerufenen, eingewanderten und nachgezogenen türkischen Familien(mitglieder) gehören zur sozialen Unterschicht. Und PISA zeigt, dass auch deutsche Unterschichtskinder sprachliche Defizite haben.

Lebensweltliche Zweisprachigkeit

Die Forderung nach Vollsprachigkeit setzt voraus, dass die Mutter- oder Herkunftssprache voll respektiert wird. Hieran mangelt es vollkommen in Deutschland.

Erst die Herkunftssprache, dann die Zweitsprache

Wer seine Muttersprache nicht von Beginn seines Lebens an gut lernt, sie im Kindergarten oder spätestens in der Grundschule weiter ausbaut und sie gut beherrscht, der wird niemals in der Lage sein, eine weitere Sprache, eine Zweitsprache als Fremdsprache richtig zu erlernen. Folglich ist es auch schwierig, ein Schulfach wie Physik, Geschichte oder Mathematik zu verstehen, denn am Anfang auch eines naturwissenschaftlichen Faches stehen die sprachlichen Erklärungen über die Grundbegriffe, die mathematischen Prämissen und die inhaltlichen Zusammenhänge. Ohne Sprache läuft nichts.

> »Sprachenlernen stellt einen einheitlichen Prozess dar, ob es in einer oder mehr Sprachen erfolgt. Mehrsprachigkeit im Sinne einer hohen Kompetenz in zwei oder mehr Sprachen ist unter fördernden Bedingungen (mit möglichen geringen Ausnahmen) für alle zu erreichen. Da das Sprachenlernen einen einheitlichen Prozess darstellt, fördert der weitere Ausbau der Erst-

sprache das Erlernen der Zweitsprache; gerade die Berücksichtigung der in der Erstsprache erworbenen Kompetenzen unterstützt das Lehren und das Lernen der Zweitsprache.« (Geiger 2004: 265)

Sprache existiert im Zusammenhang mit der Welt der Gedanke als Medium für das Verstehen dieser Welt und als Eintritt in die Sphären von Kreativität und Fantasie. Sprache und Denken bilden eine enge Verbindung. Da die meisten Kinder in ihren ersten Lebensjahren mit der Sprache ihrer Eltern aufwachsen und erst Deutsch mit dem Eintritt in eine Bildungseinrichtung kennen lernen – evtl. noch relativ früh im Kindergarten im dritten oder vierten Lebensjahr oder sogar erst mit dem Eintritt in die Grundschule, als ab dem sechsten Lebensjahr. Der Grundstein für Sprache und das Begreifen der Welt liegt im Elternhaus.

»Die meisten Eltern kommunizieren mit ihren Säuglingen oder ihren Kleinkindern in ihrer Erstsprache, in der sie am stimmigsten und innigsten ihre Emotionalität, Zuwendung und Stimulation ausdrücken können. Die ersten Lebensjahre, in denen entscheidende Entwicklungen auf der emotionalen, intellektuellen und kommunikativen Ebene ablaufen, sind durch die Erstsprache geprägt. Wenn das Kind seine sprachliche Persönlichkeit quasi als Rucksack an der Schwelle zum Kindergarten ablegt, sind darin nicht nur Buchstaben enthalten, sondern bereits entwickelte und an die Erstsprache geknüpfte Beziehungen zur Umwelt, seine gedankliche Vorstellungswelt, seine Handlungsmöglichkeiten und seine Gefühlswelt. Mit dem Verlust seiner Sprache wird das Kind in seiner Selbstständigkeit und seinen Kompetenzen einen großen Entwicklungsschritt zurückgeworfen.« (Jambert 2003: 15)

Ohne eine gründliche weiterführende Sprachausbildung der Herkunfts- bzw. der Muttersprache lässt sich Deutsch niemals gut lernen.

Recht auf Muttersprache und Pflicht zur Mehrheitssprache

Wegen dieser großen Bedeutung der Sprache für die Persönlichkeitsentwicklung eines Kindes kann daher die Forderung nur lauten: Alle Minderheiten haben das Anspruch auf Unterricht in ihrer Muttersprache, aber – hier gilt das interdependenzpolitische Gleichgewicht – auch die soziale und rechtlich verbindliche Pflicht, die Sprache der Mehrheit, also Deutsch so schnell wie möglich gut zu lernen.

Das bedeutet aber nicht nur das Lehren und Lernen der »großen« Minderheitensprachen wie Arabisch, Italienisch, Russisch, Serbokroatisch, Spanisch, Türkisch, sondern auch das Lehren der kurdischen Muttersprache, wenn wir auf unserer vielsprachiges Beispiel zurückkommen.

Fallbeispiel: Wenn in unserem Fallbeispiel Kurdisch die Muttersprache Kurdisch ist, dann muss dieses Kind auch zunächst unbedingt Kurdisch lernen – wie es zum Beispiel die Schweden machen –, ohne auf die Einsprüche der Türkei Rücksicht zu nehmen. Man darf dann nicht wie das Land Brandenburg in seinen Lehrplänen den Völkermord an den Armeniern im Osmanischen Reich 1917 wieder ersatzlos streichen, nur weil die Türkei diesen Genozid in ihrer nationalistischen Geschichtsschreibung hartnäckig leugnet.

Zweisprachigkeit als Ressource für Empowerment

Eine praktizierte Zwei- oder sogar Mehrsprachigkeit der heranwachsenden Migrantenkinder in der Lebenswelt bedeutet erstens auch die gesellschaftspolitische Anerkennung ihrer Kultur und die Förderung eines positiven Selbstbildes der Personen mit Migrationshintergrund und hat zweitens als Ressource auch einen großen Vorteil für die gesellschaftliche Systemwelt.

Das Potential an doppelsprachigen Migrantenkindern sollte die Bundesrepublik Deutschland als interkulturelle Kompetenz für ihre wirtschaftlichen und politischen Beziehungen z.B. zur Türkei und den arabischen Ländern nutzen. Diese interkulturell sozialisierten Menschen wären die ideale Brücke zwischen Orient und Okzident.

Sprachpflichtkurse für alle Zuwanderer

Wenn die (alte) Bundesrepublik Deutschland schon mit der Ankunft der ersten Gastarbeiter im Jahre 1956 begonnen hätte, alle Ausländer konsequent durch sprachliche Integrationskurse zu schulen, dann wäre in den Sommermonaten die touristische Verkehrssprache in den Mittelmeerländern Spanien, Griechenland, Ex-Jugoslawien und Türkei Deutsch und nicht Englisch. Millionen deutscher Sonnen-Touristen könnten sich problemlos in ihren Feriengebieten sprachlich bewegen, denn sie wären auf sehr viele gut Deutsch sprechende Rückkehrer getroffen. Im Sinne der Auswärtigen Kulturpolitik ist hier eine einmalige Chance verschlafen worden: Statt Kriege und Waffen hätten wir Sprache und Kultur exportieren können. Mit dem neuen Zuwanderungsgesetz, das seit dem 1. Januar 2005 in Kraft ist, gibt es verpflichtende Integrationskurse für neue Zuwanderer (§ 43-45). Das ist ein erster notwendiger und richtiger Schritt, aber von der Stundentafel viel zu gering und zu viele Personen mit ganz unterschiedlichen Niveaus in einer Lerngruppe.

Heiratsmigration und Sprachenpolitik

Heiraten ist ein familiäres Menschenrecht, wenn es weniger auf Arrangement durch die Eltern, sondern auf Freiwilligkeit beruht (vgl. die Diskussion im fünften Kapitel). Daher ist die Forderung zu verstehen, wenn nach Deutschland importierte Ehepartner die Verpflichtung haben, innerhalb einer angemessenen Zeit, z.B. zwei Jahre, die deutsche Sprache in Frauensprachkursen zu lernen.

Forderungskatalog

1. Alle Kinder nicht-deutscher Herkunft, deren Muttersprache nicht Deutsch ist, haben einen Rechtsanspruch auf muttersprachlichen Unterricht im Kindergarten und in der Schule: Vorrang der Muttersprache als Herkunftssprache vor der Zweitsprache.
2. Alle ErzieherInnen und GrundschullehrerInnen sind in Deutsch als Zweitsprache in Fortbildungskursen ergänzend zu qualifizieren.
3. Alle nach Deutschland kommenden Ausländer – ob per Heiratsmigration oder als Flüchtlinge – müssen sprachliche und kulturelle Integrationskurse besuchen – wie es das seit Januar 2005 in Kraft getretene Gesetz fordert.

Handlungsstrategie II: Recht auf Bildung und Schule als Pflicht für *Alle*

Folgende Tatsachen sind heute in der Bundesrepublik Deutschland nicht zu leugnen:

– Die Kinder der ethnischen Unterschichten sind neben der sozialen Benachteiligung noch oft zusätzlich aufgrund ihrer ethnischen Zugehörigkeit diskriminiert.
– Das dreigliederige Klassenschulsystem fördert nicht genügend Kinder aus den sozialen Unterschichten. Ihnen bleibt der soziale Zugang zum Bildungsaufstieg verwehrt.
– Die Bundesrepublik Deutschland investiert vergleichsweise weniger als andere Industrieländer in den Sektor Bildung.

In der Bildung spielt die Bundesrepublik Deutschland höchstens noch in der 2. Bundesliga; auf keinen Fall in der europäischen Champions League und ist wegen mangelnden Reformeifers auf dem Wege zum Abstieg in die Regionalliga.

Gesamtschule in Skandinavien

Im Zuge der Diskussion über die Reform des deutschen Bildungssystems nach dem PISA-Schock wird ein Thema von der Politischen Klasse und auch weitgehend von den Medien tabuisiert: Die beiden Spitzenreiter in der PISA-Studie, die Länder Finnland und Schweden, haben jeweils ein Gesamtschulsystem, d.h. die Kinder besuchen bis zur neunten Klasse alle gemeinsam eine Schule. Sicherlich hatte die von den SPD-Ländern eingeführte Gesamtschule ihre Mängel, insbesondere da parallel dazu das traditionelle Drei-Klassen-Schulsystem fortbestand. Die Folge war, dass die Eltern der bildungsmotivierten Mittelschicht ihre Kinder weiterhin auf das Gymnasium brachten, und damit die Gesamtschule nur eine Addition aus Haupt- und Mittelschule bestehende Rest-Schule geworden ist, insbesondere in den Großstädten wie Berlin, Frankfurt am Main, Hamburg, München und Stuttgart, wo bereits 50 % eines Jahrganges auf das Gymnasium gehen.

Wichtig ist eine »Schule für alle« vor allem für die Eltern, die beide arbeiten, oder für die Eltern, die beide geringe Bildungsmotivation besitzen, oder für (arbeitende) Alleinerziehende, die sich nicht nur um ihr Kind kümmern können, oder allgemein für Kinder aus Problemfamilen, wo die elterliche Fürsorge defizitär ist.

Sozialpädagogische Gesamt-Ganztagsschule

Dieses Wortungetüm enthält alle drei Schlüsselworte für die Forderung nach einer »Schule für alle«:

- Die Schule muss eine *Gesamtschule* sein, damit die Entscheidung in Richtung Abitur und evtl. Studium an der Hochschule so spät wie möglich noch gefällt werden kann.
- *Ganztagsschule* bedeutet, dass die Schule auch bis zum späten Nachmittag geöffnet ist, um Förderkurse zu ermöglichen, insbesondere vermehrt in allen Stadtteilen mit einem hohen Anteil an Kindern der deutschen und nicht-deutschen Unterschicht.
- *Sozialpädagogische Schule* bedeutet, dass an der Schule Schulsozialarbeit und Freizeitpädagogik angeboten wird.

Dieser Forderungskatalog erfordert ein immenses Maß an Bildungsinvestitionen, um die notwendigerweise nötigen LehrerInnen und SozialarbeiterInnen ausbilden und einzustellen.

Bildungsinvestitionen
Die Notwendigkeit, in mehr Bildung zu investieren, sieht man daran, dass die erfolgreichen Länder in den internationale Vergleichstudien wie PISA und IGLU auch einen viel höheren Prozentsatzes ihres Bruttosozialproduktes für die Bildungsausgaben verwenden. Deutschland liegt wieder nur im Mittelfeld. Hier einige Zahlen für die gesamten öffentlichen und privaten Ausgaben für Bildungseinrichtungen in % der Wirtschaftsleistung: Südkorea 7,1 %, USA 7,0 %, Dänemark 6,7 %, Schweden 6,5 %, usw. bis Platz 14 Deutschland 5,3 %.

Forderungskatalog
- Das deutsche Bildungssystem ist grundlegend zu reformieren. Das erfordert, einen höheren Anteil des Bruttosozialprodukts in die Bildung zu investieren.
- Als Alternative zu dem maroden Drei-Klassen-Schulsystem ist die »Schule für alle« als eine Art Sozialpädagogische Gesamt-Ganztags-Schule einzuführen.

Handlungsstrategie III: Arbeits- und Sozialpolitik

Folgende Fakten sind heute in der Bundesrepublik Deutschland nicht zu leugnen: Nicht-deutsche Arbeiter sind inzwischen überproportional arbeitslos, und das Ziel einer Vollbeschäftigung für alle Arbeitssuchenden bleibt ein Traum bzw. ist eine Lebenslüge der Politischen Klasse.

Sozialer Aufstieg am Arbeitsmarkt?
Barbara John, die 22 Jahre als engagierte Ausländerbeauftragte des Landes Berlin gearbeitet hat, argumentiert in ihrem Artikel im *Tagesspiegel* vom 27. Dezember 2004 unter dem Titel »Großzügig mit Hilfe knausern«. Sie stellt zunächst folgendes mit Recht fest:

> »Migranten über jahrelangen Bezug durch Transfermittel integrieren zu wollen, das konnte nur scheitern. Dieses Konzept ist in Frage zu stellen, nicht jedoch das Konzept einer kulturell und religiös pluralen Gesellschaft, die gemeinsamen Werten verpflichtet ist. ... Wir brauchen Zuwanderung in den kommenden Jahren, aber nicht um jeden Preis. Zuwanderung zahlt sich für alle aus, wenn die Einwanderer über Bildung und Arbeit an unserer Gesellschaft beteiligt werden. Genau das wollen sie auch. Alle wollen es.«

Hierzu drei figurative Einwände in Richtung Mehrheitsgesellschaft:

(1) Das Argument der mangelnden oder sogar keiner schulischen Unterstützungskompetenz in der Bildung gilt auch für die deutsche Unterschicht. Wie lässt sich das ändern?

(2) Wo sind in Zukunft die Arbeitsplätze für gering Qualifizierte im globalisierten Kapitalismus?

(3) Welches sind die verpflichtenden gemeinsame Werte in der multikulturellen Gesellschaft Deutschlands?

Während eine gute Bildung bzw. Ausbildung die erste Voraussetzung für die Chance auf einen Arbeitsplatz ist, bleibt dennoch die Frage, ob es für alle Migranten genügend Arbeit gibt. Hier sind Zweifel anzumelden, aber zunächst ein kleiner historischer Rückblick.

Auch Hartz IV hält an dem Mythos fest, Vollbeschäftigung über Erwerbsarbeit ist möglich. Das ist eine Illusion, eine Täuschung durch die Politische Klasse. Man hat den Eindruck, dass einige Politiker die Bürger für dumm verkaufen wollen.

Bürgerarbeit für Alle anstatt der Lebenslüge Vollbeschäftigung

Dieser Fiktion einer auf Erwerbsarbeit beruhenden Vollbeschäftigung lässt sich nur mit folgender figurativen Kernthese einer *Interdependenz-Sozial- / Beschäftigungs-Politik* von Rechten und Pflichten entgegenwirken: »Es gibt ein Recht auf Sozialhilfe, aber auch eine Pflicht zu arbeiten«.

Diese notwendige an den Menschenrechten orientierte materielle soziale Unterstützung ist jedoch keine Einbahnstraße, sondern sie schließt auch die Verpflichtung mit ein, der Hilfe gewährenden arbeitenden Gesellschaft etwas zurückzugeben. Der bekannte Spruch »Fördern und Fordern« ist figurativ von der Minderheit, aber auch von der Mehrheit einzulösen. Aber wie? Wo können diese Arbeitsplätze geschaffen werden? Hier eine Liste an Vorschlägen.

Da es Vollbeschäftigung nie wieder geben wird, ist Arbeit anders zu definieren, d.h. keine Bindung an das überholte Projekt »Erwerbsarbeit« gegen Geld. Hier ist nur folgende Kombi-Lösung aus den beiden Bausteinen denkbar:

(a) Radikale Umverteilung der Erwerbsarbeit durch mehrere Maßnahmen,

(b) Anerkennung von »Gesellschaftlicher Arbeit« in vielfältigen Tätigkeiten.

(a) Umverteilung der Arbeit

Seit drei bis vier Jahren läuft die öffentliche Debatte genau in die andere Richtung: Statt konsequenter Fortsetzung der begonnenen Arbeitszeitverkürzung geht es jetzt um Arbeitszeitverlängerungen auf allen Ebenen. In den Betrieben und auch im öffentlichen Dienst. Doch das ist der vollkommen falsche Weg, denn er schafft keinen einzigen Arbeitsplatz, sondern vergrößert die Arbeitslosigkeit. Es bleibt nur der umgekehrte Weg richtig und mutig, nämlich die radikale Umverteilung der Arbeit durch folgende Maßnahmen:

1. Radikale Verkürzung der Arbeitszeit

Radikale Verkürzung der Arbeitszeit muss längerfristig in Richtung einer 25-30-Stunden-Woche gehen. Das klingt utopisch, aber ist der einzige gangbare Weg. Und es gibt diese Praxis schon seit einigen Jahren bei der Volkwagen AG, wo die Beschäftigten eine 28-Stunden-Woche haben.

2. Abbau der Überstunden

Wie bereits an anderer Stelle ausgeführt, hat sich trotz der 35-Stunden-Woche an der tatsächlichen realen Arbeitszeit wenig verändert. Rein rechnerisch ergäbe der völlige Abbau aller Überstunden die Chance für die Schaffung von rund einer Million Arbeitsplätzen. Das Problem liegt jedoch in der Qualifikation der Erwerbstätigen, also wieder in Fort- und Weiterbildung.

3. Teilzeitarbeit

Weiterhin gehört hierzu die Schaffung von mehr Teilzeitarbeit für Frauen, Mütter, Männer und Väter, was unter Umständen die Entscheidung für Familie und Kind begünstigen könnte. Im internationalen Vergleich liegt Deutschland nicht an der Spitze bei der Teilzeitarbeit. Die kurzfristige Umsetzung dieser Vorschläge würde aktuell an dem Mangel an genügend qualifizierten Arbeitskräften scheitern, denn durch die Mängel im Bildungssystem ist die BRD darauf kurzfristig nicht genügend vorbereitet.

4. Ausbau des humanen Dienstleistungssektors

Für den Standort Wissensgesellschaft als zukunftsträchtigen Wirtschaftszweig braucht die deutsche Volkswirtschaft den umfangreichen und schnellen Ausbau der Bildungs- und Forschungssektoren. Nur so kann Wissen in Deutschland gewonnen und akkumuliert werden: Weniger Kapitalakkumulation und -ausschüttung und dafür mehr Wissensakkumulation und -ausschüttung.

Fazit: Auch in der traditionellen kapitalistischen Marktwirtschaft ist es möglich, Arbeitsplätze zu schaffen, allerdings nicht im Sinne einer Vollbeschäftigung.

(b) Gesellschaftliche Arbeit

Haus-, Pflege- und Kinderarbeit sind alles nicht anerkannte Erwerbstätigkeiten, da man mit ihnen normalerweise kein Geld verdienen kann. Jedoch sind es sehr wichtige gesellschaftliche Tätigkeiten, die man volkswirtschaftlich und steuerrechtlich berücksichtigten sollte.

Ausbau des »Dritten Sektors«

Neben dem Markt- und Staatsektor wird der sog. »Dritte Sektor« als sog. »Bürgerarbeit für Alle« auf- und ausgebaut. Hierzu zählt insbesondere der gesamte Gesundheits-, Sozial- und Gemeinwesenbereich. Der Begriff »Dritter Sektor« kam von den USA in die bundesrepublikanische Diskussion am Ende der achziger Jahre. Jörg Nielandt definiert ihn wie folgt.

> »Das prägende Merkmal Dritter-Sektoren-Organisationen bildet die Non-Profit-Orientierung, d.h. die nicht primär am Profit, sondern am Bedarf ausgerichtete Leistungserstellung (bei ggf. durch möglicher zweckdienlicher Überschusserzielung bzw. -verwendung und nicht immer notwendigerweise gemeinnützigen Zwecken).« (Nielandt 2000: 2)

Der Dritte Sektor ist bereits ein gewichtiger Teil der Volkswirtschaft (vgl. hierzu Nielandt 2000: 7ff): In 22 weltweit untersuchten Ländern arbeiteten 1995 19 Millionen Vollzeitbeschäftigte im Non-Profit-Sektor. Hinzu kommen noch die freiwillig und ehrenamtlich Tätigen, deren Leistungen umgerechnet 10,4 Millionen Vollzeitbeschäftigten entspricht. Die Wirtschaftsleistung beträgt durchschnittlich 4,7 % des Bruttoinlandsproduktes, in Deutschland sind es 4,9 %, dagegen in den Niederlanden bereits 12,4 %, in Irland 11,5 % und in Belgien 10,5 %.

Anerkennung von Sozialzeiten als Steuerermäßigung

Wer sich sozial engagiert, kann das von der Steuer »absetzen«, d.h. er/sie zahlt weniger Steuern an den Staat. Soziales Engagement wird finanziell belohnt. Im Dritten Sektor sind folgende Tätigkeiten denkbar und auch organisierbar:

- *Ergänzende Unterstützung in der Schule* für die Lehrer in ihrer Arbeit wie Aufsicht, Gerätebeschaffung, Anwesenheitsführung usw., Eltern bei den Schularbeiten ihrer Kinder, und sogar als „Hilfslehrer" in der Schule wie in Finnland.

- *Lernhilfen* aller Art, z.B. Nachhilfestunden, Vorlesestunden, Alphabetisierungshilfe für groß und klein, muttersprachliche Gesprächsrunden für Ausländer.
- *Soziale Unterstützung* für Kranke, Behinderte, AIDS-Kranke, alte gebrechliche Leute usw., z.B. in Krankenhäusern, in ambulanten Diensten, im Umkreis von Ärztehäusern usw.
- *Nachbarschaftliche Hilfen* aller Art, wie z.B. Babysitting, Putzhilfen, Gartenpflege, Einkaufen für behinderte und alte Menschen, usw.
- *Hilfen im öffentlichen Nahverkehr* wie Auskünfte geben, Dolmetschen für Touristen, Hilfen beim Ein- und Aussteigen, Transport schweren Gepäcks, usw.
- *Tauschbörsen* für gegenseitige Hilfen, wo die Bürgerinnen und Bürger ihre Kenntnisse und Fähigkeiten anbieten wie z.B. »Biete Englischunterricht gegen Hilfe beim Streichen meiner Wohnung ...«

Forderungskatalog
- Alle BürgerInnen haben das Recht und die Pflicht, in irgendeiner Weise durch Arbeit – selbstständige, Lohn- oder Bürgerarbeit – ihren gesellschaftlichen Beitrag zu leisten.
- Wenn die sehr produktive Marktwirtschaft nicht mehr in der Lage ist, genügend Arbeitsplätze zu schaffen, sondern sogar eher die abhängigbeschäftigte Arbeitslosigkeit vergrößert, dann sind die Zivilgesellschaft, also der Staat, die Wohlfahrtsverbände usw. verpflichtet, bürgerschaftliche Arbeitsplätze zu schaffen.

Handlungsstrategie IV: Medienpolitik

Folgende Fakten werden in der Bundesrepublik Deutschland zwar oft politisch geleugnet, sind aber wissenschaftlich abgesichert:
- Die bundesdeutsche Medienlandschaft ist im Prinzip monolingual, d.h. sie wird in ihrem Alltag nicht der tatsächlichen Mehrsprachigkeit gerecht.
- Die ethnische Minderheiten sind kulturell-sprachlich in den deutschen Medien benachteiligt, d.h. ihre Interessen werden dort kaum berücksichtigt. Dadurch hat sich eine parallele Medienwelt entwickelt.

Monolinguale Medienpolitik und parallele Medienwelt
Wenn man sich beruflich oder als Tourist in den Niederlanden oder skandinavischen Ländern aufhält, dann ist man beim Fernsehen im Hotel oder

auch bei ausländischen Freunden beim ersten Mal überrascht, wie oft man dort nicht nur die englische Sprache hört, sondern auch Deutsch, Französisch usw. Ganz anders ist die Situation im deutschen Fernsehen, z.B. bei den Nachrichten. Jedes noch so kurze Interview oder Statement eines ausländischen Politikers wird ins Deutsche übersetzt. Warum eigentlich? Warum gibt es keinen Unterschied?

Selbst wenn ein türkische Minister in Deutschland weilt und ein Interview gibt, wird er ins Deutsche gedolmetscht, d.h. das Türkische wird mit Deutsch überlagert. Nichts ist einfacher, als solche *kurzen* Statements schnell zu übersetzen und per Untertitel mitlaufen zu lassen.

Multikulturelle Medienpolitik

Ein finnischer Kollege berichtet folgendes dem PISA-Spitzenland:

> »Finnische Jungen sind – im Gegensatz zu den Mädchen – nicht allzu geneigt, Bücher zu lesen. Da sie aber gern fernsehen und die vielen angloamerikanischen Filme im Originalton gezeigt werden, wollen sie den Text verstehen und lernen deshalb die finnische Sprache durch Lesen der mitlaufenden Untertitel.«

Auf diese Weise werden zwei Fliegen mit einer Klappe geschlagen: Die Kinder lernen gleichzeitig Finnisch und Englisch.

Zweisprachige Medien

Dieses einleuchtende Beispiel zeigt den Ansatz für eine multilinguale Medienpolitik. Das deutsche Fernsehen sollte sich in vielen Teilbereichen mehrsprachig öffnen. Dazu gehört unter anderem, dass:
- Interviews mit ausländischen Gästen in der Originalsprache mit deutschen Untertiteln gesendet werden,
- ausgewählte Spielfilme im Abendprogramm ebenfalls im Original mit Untertiteln laufen,
- auch deutsche Zeitungen partiell zweisprachig wie z.B. in Luxemburg erscheinen.

Forderungskatalog

1. Ein großer Teil fremdsprachlicher Filme sollte im Original gezeigt werden, insbesondere wenn es sich um englischsprachige Filme handelt.
2. Jede politische Interview oder Gespräch wird im Originalton gesendet und gleichzeitig per Untertitel übersetzt, so dass man »fremd hören, aber deutsch lesen kann.

Handlungsstrategie V: Recht auf politische Partizipation und Pflicht zur Integration

Folgende Fakten sind heute in der Bundesrepublik Deutschland nicht zu leugnen:

- Deutschland ist ein Einwanderungsland.
- Die Bürger ohne den Besitz einer deutschen Staatsbürgerschaft sind faktisch Bürger 2. Klasse.
- Wegen der rasanten Überalterung Europas und insbesondere auch Deutschlands muss Zuwanderung einer von vielen Lösungswegen sein, um einen bestimmten Bedarf an Arbeitskräften abzudecken.
- Die Politische Klasse betreibt nur punktuelle Mikropolitik im Sinne einer herbeizurufenden Feuerwehr, wenn es irgendwie in Deutschland »brennt«: Dringend soziale Probleme werden nicht langfristig gelöst.
- Die deutsche Politik, ob auf Bundes- oder Landesebene – hat kein in sich schlüssiges langfristiges Integrationskonzept.

Bürger zweiter Klasse

Man kann behaupten, dass Gäste zwar Gastrechte, aber keine politischen Bürgerrechte haben. Sie können mit den alteingesessenen Deutschen nicht gleichgestellt werden. Das mag zwar für die Anfangsphase von Mitte der fünfziger bis Ende der sechziger Jahre noch gelten, aber spätestens seit den siebziger Jahren haben Wissenschaftler klar gemacht, dass Deutschland ein Einwanderungsland geworden war. Aber die Politik hat darauf nicht reagiert, sondern »weitergewurstelt«.

Die arbeitenden Bürger nicht-deutscher Herkunft haben die Pflichten, regelmäßig ihre Steuern zu zahlen und ihre Sozialversicherungsbeiträge zu leisten, aber sie haben bis heute keine unmittelbaren politischen Rechte.

Ethnopolitische Zivilgesellschaft: Anerkennung ethnischer Selbstorganisation

Zur Frage, wie ethnische Minderheiten in die Mehrheitsgesellschaft partizipativ integriert werden können, sollte der ethnischen Selbstorganisation eine große Bedeutung beigemessen werden. Denn wir leben heute in einer Zivilgesellschaft, d.h. bürgerschaftliches Engagement über Vereine, NGO's sind ein wichtiges demokratisches Element in Gesellschaft und Staat. Diese schlummernde Potenzial muss bei den MigrantInnen geweckt, gefördert und unterstützt werden.

> »Demokratische Selbstorganisationen sind unverzichtbarer Bestandteil einer selbstbewussten Diskurs- und Streitkultur in dieser Zivilgesellschaft. ... Selbstorganisationen von Migrantinnen und Migranten können in Zusammenhang mit Selbstachtung, Selbstbewusstsein und Stärkung der eigenen Identität thematisiert werden. Sie sorgen für eine nachhaltige Interessenvertretung und fungieren wegen ihrer sprachlichen und kulturellen Nähe als Sprachrohr und Mittler zwischen Mehrheiten und Minderheiten.« (Caglar 2004: 339)

Selbstorganisation ist ein Weg, um die Interessen der Migranten zu vertreten. In Berlin wird das bewusst politisch unterstützt. Ein gutes Beispiel ist der »Türkische Bund Berlin-Brandenburg«, ein Zusammenschluss vieler türkischer Vereine zu einem Dachverband, aber auch die Einzelmitgliedschaft[26] ist möglich.

Integrationspolitik: Bonus statt Strafe

Wenn sich Ausländer nicht an die vermeintlichen Spielregeln der deutschen Mehrheitsgesellschaft halten, dann erschallt sofort der konservative Chor nach Abschiebung, Ausweisung oder Bestrafung. Damit hier kein Zweifel auftaucht: Wer gegen in Deutschland geltende Rechtsnormen verstößt, der muss sich vor Gericht verantworten und die rechtsstaatlich verordnete Strafe ertragen. Doch hinter vielen anderen Vorstellungen über die Integration der nicht-deutschen Minderheiten steckt ein negatives christliches Menschenbild: Der Mensch neigt zum Bösen und die Gesellschaft, der Staat, die Kirche muss ihn kontrollieren.

An die Eingliederung von Ausländern sind oft strenge Auflagen geknüpft wie lange Aufenthaltsdauer, Straffreiheit und gute deutsche Sprachkenntnisse.

Das lateinische Wort »bonus« heißt gut und »Bonus gewähren« bedeutet laut *Duden* (2000: 212) »Sondervergütung (bei Aktiengesellschaft, Versicherungsrabatt) oder etwas, was jemandem gutgeschrieben wird, was ihm als Vorteil, Vorsprung vor anderen angerechnet wird«.

[26] Ich selbst gehöre seit mehreren Jahren diesem Verein als einer der wenigen Deutschen an und erhalte daher auch viele Informationen unmittelbar aus der »Türkischen Community«.

Wer also die deutsche Sprache schneller lernt und beherrscht, kann sich z.B. früher einbürgern lassen.

Zivilgesellschaftliche Brückenlotsen

Das wechselseitige Aufeinanderzugehen von Mehrheit und Minderheit erfolgt nicht automatisch, aber es kann auf der zivilgesellschaftlichen Ebene gefördert werden, indem ausgewählte Personen als Vermittler beide Seiten zusammenkommen. Hierfür gibt es bereits hoffnungsvolle Ansätze. Drei Beispiele:

Bildungslotsen: In Berlin-Marzahn läuft seit Herbst 2005 ein von der Robert-Bosch-Stiftung gefördertes Projekt, das von *berlinpolis* durchgeführt wird. Studierende der Berliner Universitäten arbeiten als Mentoren an drei Oberschulen, um Schülerinnen und Schülern mit russlanddeutschen Migrationshintergrund zu motivieren, ein Studium aufzunehmen, damit der Anteil dieser Personen im tertiären Bildungsbereich erhöht wird. Ein Teil der Studierenden hat auch selbst diesen ethnischen Hintergrund, sie bekommen ein kleines Stipendium, werden selbst fortgebildet und engagieren sich bürgerschaftlich. Die Schüler/innen werden über die universitären Strukturen und Studienfächer informiert.

Brückenlotsen im Stadtteil: In Berlin-Wedding wohnende und mit zwei Kulturen lebende Bürgerinnen und Bürger mit Migrationshintergrund (arabisch, türkisch, bosnisch und afrikanisch) werden als Mediatoren vom Bezirk Berlin-Mitte ergänzend qualifiziert, um ihre ethnischen Mitbürger die sozialen Dienste nahe zu bringen.

Elternlotsen im Bildungsbereich: Ein ähnlicher Ansatz ist das Projekt *Elternlotsen* des »Türkischen Bundes Berlin-Brandenburg« in Berlin-Moabit, um mittels türkischer Studierender Eltern in einer Realschule zu motivieren, sich an der Schule zu engagieren, z.B. zu einer Elternversammlung zu kommen und damit die Bildungsmotivation zu fördern, um die Kinder auf weiterführende Schulen zu schicken.

Forderungskatalog

- Schaffung eines Bonussystems, das die ethnischen Minderheiten motiviert, Integrationsleistungen zu erbringen.
- Einführung des kommunalen Wahlrechts für alle seit fünf Jahren in Deutschland lebenden Ausländer.

- Gewährung des Länderwahlrechts für alle seit zehn Jahren in Deutschland lebenden Ausländer.
- Aufbau eines zivilgesellschaftlichen Rahmens durch den Staat für wechselseitiges bürgerschaftliches Engagement von Mehrheit und Minderheit.

Figuratives Panaroma und interdependenzpolitische Vorschläge

Abschließend wird die geforderte Interdependenzpolitik zwischen Mehrheit und Minderheit tabellarisch zusammengefasst und in der Form des Katalogs eines figurativen Panoramas verdeutlicht. Darüber hinaus werden einige konkrete Vorschläge zur Diskussion gestellt.

Figuratives Panorama von Rechten und Pflichten von Mehrheit und Minderheit				
Wechselseitigkeit von Rechten und Pflichten				
	Mehrheit		**Minderheit**	
	Recht	**Pflicht**	**Recht**	**Pflicht**
Sprache	Deutsch als allgemeine Verkehrssprache	Deutsch als Zweitsprache zu lehren	Muttersprachlicher Unterricht der Ethnie	Unbedingt die Mehrheitssprache zu lernen
Bildung	Bildung bzw. Schule für *Alle*	Massive Bildungsinvestitionen	Schule als Chance des sozialen Aufstiegs	Bildungschancen nutzen
Arbeit & Hilfe	Soziale Hilfen für *Alle*	Schaffung von Bürgerarbeit	Soziale Hilfe für *Alle*	Bürgerarbeit statt Nichtstun
Medien	Deutsche als vorrangige Mediensprache	Multikulturelle Medienprogramme	Nutzung muttersprachlicher Medien	Beteiligung an den deutschen Medien
Politik	Anerkennung der deutschen Rechtskultur	Integrationsangebote als Bonussystem	Kommunales Wahlrecht und ethnische Selbstorganisation	Anerkennung und Befolgung der deutschen Rechtskultur

Zehn interdependenzpolitische Vorschläge

Zum Schluss wird das figurative Panaroma mit konkreten interdependenzpolitischen Vorschlägen – provokativen Diskussionsthesen – ausgefüllt. Die meisten der nachfolgenden Vorschläge liegen im zivilgesellschaftlichen Bereich, für die der Staat zwar die organisatorischen und finanziellen Rahmenbedingungen schaffen muss, aber die von Bürgern der Mehrheit für Bürger der Minderheiten wechselseitig durchgeführt werden.

Mikrobereich der Lebenswelt im Stadtteil

1. Nachbarschaftliche Einladungen und Kochen: Essen verbindet. Die Deutschen gehen gern in Restaurants, um italienisch, jugoslawisch oder chinesisch zu essen. Warum kann man dies nicht als nachbarschaftliches Projekt organisieren?

Hierfür liegen Erfahrungen vor: *Die Alice-Salomon-Fachhochschule für Sozialarbeit und Sozialpädagogik Berlin* führt bei ihrer jährlichen Summer School ein eintägiges »European Cooking« durch, d.h. die ca. 40 Studierenden aus meist mindest 25 Ländern kochen gemeinsam ihre (meist) nationalen Lieblingsgerichte. Dabei wird viel Kommunikation entwickelt; man kommt sich näher.

2. Sprach-Tandems: An der Technischen Universität Berlin haben Studierende vor Jahren das Konzept Sprach-Tandem eingeführt, d.h. jeweils zwei Muttersprachler bringen sich gegenseitig die Sprache bei. Warum kann man so etwas nicht auch auf nachbarschaftlicher Ebene organisieren? Kommunikation ist das A und O in der Gesellschaft.

3. Deutsche reisen in die Herkunftsländer der Migranten (Gastfreundschaft): Wer zum ersten Mal in die Türkei fährt, erlebt sehr oft – meist unerwartet – die große Gastfreundschaft der Türken. Diese Aha-Erlebnisse könnten durch Reisen für »ausländerunfreundliche« Jugendliche organisiert werden. Hier gibt es bereits Ansätze in der Jugendarbeit.

4. Brückenlotsen: Das weiter oben skizzierte Konzept Brückenlotsen wird auf viele Bereiche und viele andere ethnische Minderheiten ausgeweitet. Hier noch einige ergänzende Vorschläge für den Einsatz von Brückenlotsen:

– Bildungs- und Elternlotsen für alle ethnischen Gruppen, aber auch für deutsche Familien, die aus sog. bildungsfernen Schichten kommen.

- Behördliche Lotsen, um sich durch die Vielfalt der Ämter zu finden.
- Kulturlotsen, wo was wie stattfindet.

5. Multiethnische Stadtteilkonferenzen: Der Stadtteil, die Nachbarschaft ist der Ort, wo man sich trifft und wo auch oft die Konflikte auftreten. Hier gilt es, regelmäßige tagende Kieztreffen oder Stadteilkonferenzen zu etablieren.

6. Sport als Integrationsfaktor: Ein wichtiger Motor in der Interdependenzpolitik ist der Sport. Hier gibt es bereits erste erfolgreiche Ansätze.

Makrobereich der Politik
Die letzten drei Vorschläge liegen im politischen Makrobereich.

7. Islamischer Feiertag in Deutschland? Als der Bundestagsabgeordnete Christian Ströbele von den GRÜNEN vorgeschlagen hat, einen offiziellen islamischen Feiertag in der Bundesrepublik Deutschland einzuführen, ging ein Aufschrei durch das Land. Unerhört. Warum kein Feiertag für eine große Minderheit: erstens um ihnen Anerkennung und Respekt zu zollen und zweitens als Chance für die Mehrheit, mit der Minderheit ins Gespräch zu kommen. Hier zwei Gegenbeispiele:
- In Berlin gehört nur noch eine Minderheit von rund einem Drittel der Einwohner den beiden großen christlichen Kirchen an, und trotzdem gibt es noch elf christliche Feiertage. Warum eigentlich? Im Sinne der christlichen Kirchen werden sie kaum genutzt, vielmehr dienen sie dem Freizeitvergnügen.
- Das Land Brandenburg hat für die protestantische Minderheit den Reformationstag (31. Oktober) als Feiertag eingeführt. Warum eigentlich im mehrheitlich atheistisch geprägten Brandenburg?
- Aber auch in vielen katholischen Regionen spielt die Kirche immer weniger eine Rolle.

Warum also nicht einen islamischen Feiertag für die rund 3,3 Millionen in Deutschland lebenden Muslime?

8. Bürgerarbeit im Stadtteil schaffen: Wenn es nicht möglich ist, die Arbeitslosigkeit gerade für weniger qualifzierte Bürger zu beseitigen, dann sollte auf kommunaler Ebene alle Kreativität entfaltet werden, Bürgerarbeit zu organisieren. Hier erste Beispiele:

- Bürger/in begleitet Kind/er berufstätiger Eltern oder allein Erziehender zur Schule, damit ihr/e Kind/er sicher dort ankommen.
- Junge Bürger/in helfen den alten Menschen im Stadtteil bei allen möglichen Besorgungen
- Kiezläufer, die im Stadtteil für »Ordnung« sorgen und mit Quartiersmanagement und Verwaltung engen Kontakt halten.

9. Kommunales Wahlrecht für Ausländer: Unabdingbar als Schritt für Integration ist zumindest ein kommunales Wahlrecht, wenn man mindestens seit fünf Jahren in Deutschland lebt und einen festen Wohnsitz sowie eine Aufenthaltserlaubnis hat.

10. Fernsehen: mehr Sendungen im Original: Die deutschen Medien sind sprachlich monolingual, d.h. es wird nur eindimensional im Fernsehen Nachrichten und Filme ausgestrahlt. In den skandinavischen Ländern und in den Niederlanden laufen fast alle ausländischen Filme im Original mit Untertiteln. Warum nicht auch bei uns? Der Sender *Multikulti* von Radio Berlin-Brandenburg ist eine wohltuende Ausnahme in Bezug auf Sendungen in vielen Sprachen jeden Tag.

Literatur

Arnim, Hans Herbert 1997: Fetter Bauch regiert nicht gern. Die politische Klasse – selbstbezogen und abgehoben. München.

Ateş, Seyran 2003: Große Reise ins Feuer. Die Geschichte einer deutschen Türkin. Berlin.

Auernheimer, Georg 2003: Einführung in die Interkulturelle Pädagogik. 3., neue bearbeitete u. erweiterte Auflage. Darmstadt.

Badawia, Tarek 2004: Integration durch Empowerment. Wenn Immigranten die Einwanderungsgesellschaft kompetent mitgestalten. In: Treichel, Andreas / Cyrus, Norbert (Hrsg.): Handbuch Soziale Arbeit in der Einwanderungsgesellschaft. Frankfurt a. M. S. 350-370.

Bade, Klaus J. 2000: Europa in Bewegung. Migration vom späten 18. Jahrhundert bis zur Gegenwart. München.

Balnaves, Mark, Donald, James und Donald, Stephanie Hemelryk 2001: Der Fischer Atlas Medien. aus dem Englischen 2001.

Baumert, Jürgen et al. (Hrsg.) 2001: PISA 2000. Basiskomponenten von Schülerinnen und Schülern im internationalen Vergleich. Opladen.

Bausinger, Hermann 2000: Typisch deutsch. Wie deutsch sind die Deutschen. 2., durchgesehene Auflage. München.

Beck, Ulrich / Grande, Edgar 2004: Das kosmopolitische Europa. Gesellschaft und Politik in der Zweiten Moderne. Frankfurt a. M.

Beck, Ulrich 2000: Die Seele der Demokratie: Bezahlte Bürgerarbeit. In Beck, Ulrich (Hrsg.) 2000: Die Zukunft von Arbeit und Demokratie. Frankfurt a. M., S. 416-447.

Beck-Gernsheim, Elisabeth 2006: Türkische Bräute und die Migrationsdebatte in Deutschland. In: Aus Politik und Zeitgeschichte. Beilage zur Wochenzeitung Das Parlament.1-2/2006, S. 32-37.

Bellermann 1995: Sozialpolitik. Eine Einführung für soziale Berufe. 2. Auflage. Freiburg im Breisgau.

Benz, Ute und Benz, Wolfgang 2005 (Hrsg.): Stolz deutsch zu sein? Aggressiver Anspruch und selbstverständlicher Patriotismus. Berlin.

Berger, Maria/Galonska, Christian/Koopmans, Ruud 2004: Integration durch die Hintertür. Ethnisches Sozialkapital und politische Partizipation von Migranten in Berlin. In: Klein, Ans-gar Kern, Kristine Geißel, Brigitte Berger, Maria (Hrsg.): Zivilgesellschaft und Sozialkapital. Herausforderungen politische und sozialer Integration. Wiesbaden, S. 251-272.

Bericht der Beauftragten der Bundesregierung für Migration, Flüchtlinge und Integration über die Lage der Ausländerinnen und Ausländer in Deutschland. Juni 2005 Berlin.

Beyme, Klaus von 1993: Die politische Klasse im Parteienstaat. Frankfurt a. M.

Boos-Nünning, Karakasoglu, Yasemin 2005: Welche Ressourcen haben junge Migrantinnen? In: Migration und Soziale Arbeit, 27. Jg., Heft 3/4, S. 219-232.

Bowle, John 1993: Geschichte Europas. Von der Vorgeschichte bis ins 20. Jahrhundert. 4. Auflage. Aus dem Englischen 1979. München.

Bullinger, Hermann / Nowak, Jürgen 1998: Soziale Netzwerkarbeit. Eine Einführung. Freiburg im Breisgau.

Bundesministerium für Familien, Senioren, Frauen und Jugend (Hrsg.) 2000: Familien ausländischer Herkunft in Deutschland, Leistungen. Belastungen. Herausforderungen. Sechster Familienbericht. Berlin.

Burke, Peter 1998: Die europäische Renaissance. Zentren und Peripherien. Aus dem Englischen. München.

Caglar, Gazi 2004: Die Selbstorganisation von Migrantinnen und Migranten. Akteure der Zivilgesellschaft und der Sozialen Arbeit. In: Treichel, Andreas / Cyrus, Norbert (Hrsg.): Handbuch Soziale Arbeit in der Einwanderungsgesellschaft. Frankfurt a. M., S. 329-349.

Crombie, Alistair C. 1989: Griechisch-arabische Naturwissenschaften und abendländisches Denken. In: Sievernich, Gereon und Budde, Hendrik (Hrsg.), Europa und der Orient 800-1900. Berlin, S. 102-131.

Diehl, Claudia 2002: Die Partizipation von Migranten in Deutschland. Rückzug oder Mobilisierung? Opladen.

Drogen- und Suchtbericht 2005, herausgegeben von der Drogenbeauftragten der Bundesregierung.

Dudenredaktion (Hrsg.) 2004: Duden. Die deutsche Rechtschreibung. 23., völlig neu bearbeitete und erweiterte Auflage. Mannheim Leipzig Wien Zürich.

Dudenredaktion (Hrsg.) 2001: Herkunftswörterbuch. Etymologie der deutschen Sprache. 3., völlig neu bearbeitete und erweiterte Auflage. Mannheim Leipzig Wien Zürich.

Dudenredaktion (Hrsg.) 2000: Das große Fremdwörterbuch. Herkunft und Bedeutung der Fremdwörter. 2., neu bearbeitete und erweiterte Auflage. Mannheim Leipzig Wien Zürich.

Dudenredaktion (Hrsg.) 1989: Deutsches Universalwörterbuch. 2., völlig neu bearbeitete und stark erweiterte Auflage. Mannheim / Wien / Zürich.

Durkheim, Emile 1984: Die Regeln der soziologischen Methode. Aus dem Französischen 1895. Frankfurt a. M.

Durkheim, Emile 1977: Über die Teilung der sozialen Arbeit. Aus dem Französichen 1930. Frankfurt a. M.

Eickhoff, Beatrice/Neumann, Bianka 2004: Sprachförderung in Berlin: Zur Kooperation von Grundschule und Jugendhilfe. Unveröffentlichte Diplomarbeit an der ASFH Berlin.

Elias, Norbert 1987: Die Gesellschaft der Individuen. Frankfurt a. M.

Elias, Norbert 1986: Was ist Soziologie? 5. Auflage. München.

Fichte, Johann Gottlieb 1912: Fichtes Reden an die Deutsche Nation. Berlin.

Fischer, Claude 1984: The Urban Experience. Second Edition. San Diego et aliter.

Flacke, Monika 1998: Deutschland. Die Begründung der Nation aus der Krise. In: Flacke, Monika (Hrsg.), Mythen der Nationen. Ein europäisches Panorama. Ein Begleitbuch zur Ausstellung. Berlin, S. 101-128.

Freise, Josef 2005: Interkulturelle Soziale Arbeit. Theoretische Grundlagen – Handlungsansätze – Übungen zum Erwerb interkultureller Kompetenz. Schwalbach/Ts.

Goda, Fadia, Kadur, Monika 2005: Flüchtlingsfrauen – Verborgene Ressourcen. Studie des Deutschen Instituts für Menschenrechte. Berlin.

Geiger, Klaus F. 2004: Für einen verbesserten Minderheitensprachen-Unterricht an den Schulen. In: Migration und Soziale Arbeit, 26. Jg., H ¾. S. 262-269.

Geiss, Imanuel 1993: Europa – Vielfalt und Einheit. Eine historische Erklärung. Mannheim Leipzig Wien Zürich.

Geißler, Rainer 2006: Die Sozialstruktur Deutschlands. Zur gesellschaftlichen Entwicklung mit einer Bilanz zur Vereinigung. 4., überarbeitete und aktualisierte Auflage. Wiesbaden.

Geyer, Carl-Friedrich 1996: Mythos. Formen – Beispiele – Deutungen. München

Gogolin, Ingrid/Nauck, Bernhard (Hrsg.) 2000: Migration, gesellschaftliche Differenzierung und Bildung. Resultate des Forschungsschwerpunkteprogramms FABER. Opladen.

Graeser, Andreas 1981: Die Vorsokratiker. In: Höffe, Otfried (Hrsg.), Klassiker der Philosophie. Erster Band: von den Vorsokratikern bis David Hume, S. 13-37.

Grosser, Alfred 2002: Wie anders sind die Deutschen? Aus dem Französischen 2002. München.

Habermas, Jürgen 1996: Die Einbeziehung des Anderen. Studien zur politischen Theorie. Frankfurt a. M.

Habermas, Jürgen 1981a: Theorie des kommunikativen Handelns. Band 1 Handlungsrationalität und gesellschaftliche Rationalisierung. Frankfurt a. M.

Habermas, Jürgen 1981b: Theorie des kommunikativen Handelns. Band 2 Zur Kritik der funktionalistischen Vernunft. Frankfurt a. M.

Hahn, Dirk, Sauer, Martina 2006: Parallelgesellschaft und ethnische Schichtung. In: Aus Politik und Zeitgeschichte. Beilage zur Wochenzeitung Das Parlament.1-2/2006, S. 18-24.

Hartmann, Michael 2002: Der Mythos von den Leistungseliten. Spitzenkarrieren und soziale Herkunft in Wirtschaft, Politik, Justiz und Wissenschaft. Frankfurt a. M. New York.

Häußermann, Hartmut, Kronauer, Martin und Siebel, Walter (Hrsg.) 2004: An den Rändern der Städte. Armut und Ausgrenzung. Frankfurt a. M.

Häußermann, Hartmut und Kapphan, Andreas 2004: Berlin: Ausgrenzungsprozesse in einer europäischen Stadt. In: Häußermann, Hartmut, Kronauer, Martin und Siebel, Walter (Hrsg.): An den Rändern der Städte. Armut und Ausgrenzung. Frankfurt a. M., S. 203-234.

Häußermann, Hartmut 2001: Marginalisierung als Folge sozialräumlichen Wandels in der Großstadt. In: Gesemann, Frank (Hrsg.). Migration und Integration in Berlin. Wissenschaftliche Analysen und politische Perspektiven. Opladen, S. 62-85.

Häußermann, Hartmut 2001: Städte, Gemeinden und Urbanisierung. In: Joas, Hans (Hg.). Lehrbuch der Soziologie. Frankfurt a. M., New York. S. 505-532.

Heitmeyer, Wilhelm, Dollase, Rainer 1996; Die bedrängte Toleranz. Frankfurt a. M.

Herbert, Ulrich 2001: Geschichte der Ausländerpolitik in Deutschland. Saisonarbeiter, Zwangsarbeiter, Gastarbeiter, Flüchtlinge. München.

Herriger, Norbert 1995: Empowerment – oder Wie Menschen Regie über ihr Leben gewinnen. In: sozialmagazin 1, S. 34-40.

Hesselberg, Dieter 2003: Das Grundgesetz. Kommentar für die politische Bildung. Bonn.

Hirsi Ali, Ayaan 2005: Ich klage an. Plädoyer für die Befreiung der muslimischen Frauen. Aus dem Niederländischen 2004. 2. Auflage. München, Zürich.

Hoffmann-Lange, Ursula/Bürklin, Wilhelm 1998: Eliten, Führungsgruppen. In: Hoffmann, Bernhard/Zapf, Wolfgang. Handwörterbuch zur Gesellschaft Deutschlands. Opladen.

Hofsommer, Heiner 2001: Missstände in Bildung, Ereziehung und Politik. Ein Plädoyer gegen Blindheit und Feigheit – für eine Leitkultur in Deutschland. Unna

Holzapfel, Otto 2001: Die Germanen. Mythos und Wirklichkeit. Freiburg, Basel, Wien.

Huhnke, Sigrid 2001: Allahs Sonne über dem Abendland. Unser arabisches Erbe. Frankfurt a. M.

Jampert, Karin 2003: Schlüsselsituation Sprache. Spracherwerb im Kindergarten unter besonderer Berücksichtigung mehrsprachiger Kinder. In: iza zeitschrift für migration und soziale arbeit, 3/4., S. 9-16.

Janssen, Andrea, Polat, Ayca 2006: Soziale Netzwerke türkischer Migrantinnen und Migranten. In: Aus Politik und Zeitgeschichte. Beilgage zur Wochenzeitung Das Parlament.1-2/2006, S. 11-17.

Joas, Hans (Hg.) 2001: Lehrbuch der Soziologie. Frankfurt, New York.

Kapphan, Andreas 2001: Migration und Stadtentwicklung. Die Entstehung ethnischer Konzentration und ihre Auswirkungen. In: Gesemann, Frank (Hrsg.). Migration und Integration in Berlin. Wissenschaftliche Analysen und politische Perspektiven. Opladen, S. 89-108.

Kelek, Necla 2005: Die fremde Braut. Ein Bericht aus dem Inneren des türkischen Lebens in Deutschland. Köln.

Keskin, Hakki 2005: Deutschland als neue Heimat. Eine Bilanz der Integrationsapolitik. Wiesbaden.

Keupp, Heiner 2005. Empowerment. In: Kreft, Dieter, Milenez, Ingrid (Hrsg.).Wörterbuch Soziale Arbeit. Aufgabenfelder, Praxisfelder, Begriffe und Methoden der Sozialarbeit und Sozialpädagogik. 5., vollständig überarbeitete und ergänzte Auflage. Weinheim, München, S. 234-235.

Keupp, Heiner 1987: Soziale Netzwerke – Eine Metapher des gesellschaftlichen Umbruchs. In: Keupp, Heiner, Röhrle, Bernd (Hg.), Soziale Netzwerke. Frankfurt a. M., S. 11-53.

Klages, Helmut 1998: Werte und Wertwandel. In: Schäfers, Bernhard / Zapf, Wolfgang (Hrsg.), Handwörterbuch zur Gesellschaft Deutschlands. Bonn, S. 698-709.

Kluge 2002: Etymologisches Wörterbuch der deutschen Sprache. Bearbeitet von Elmar Seebold. 24., durchgesehene und erweiterte Auflage. Berlin, New York.

Kötter, Matthias 2005: Rechtskultur statt Leitkultur. Zur Versachlichung der Integrationsdebatte. In: Blätter für deutsche und internationale Politik. 1'05, S. 83-89.

Kötter, Matthias 2003: Integration durch Recht? Die Steuerungsfähigkeit des Rechts im Bereich seiner Geltungsvoraussetzungen. In: Sahlfeld, Konrad et al. (Hrsg.), Integration und Recht. 43. Assistententagung Öffentliches Recht. Luzern 2003. München et al., S. 31-52.

Krämer, Gudrun 2005: Islam und Toleranz. In: Blätter für deutsche und internationale Politik. 9'05, S. 1119-1129.

Kreft, Dieter, Milenz, Ingrid (Hrsg.) 2005: Wörterbuch Soziale Arbeit. Aufgaben, Praxisfelder, Begriffe und Methoden der Sozialarbeit und Sozialpädagogik. 5., vollständig überarbeitete und ergänzte Auflage. Weinheim, Basel.

Kuckenburg, Martin 1998: ... und sprachen das erste Wort. Die Entstehung von Sprachen und Schrift. Eine Kulturgeschichte der menschlichen Verständigung. 2. Auflage. Düsseldorf.

Kürsat-Ahlers, Elcin, Waldhoff, Hans-Peter 2001: Die langsame Wanderung. Wie Migrationstheoretiker der Vielfalt gelebter Migration nachwandern. In: Gesemann, Frank (Hrsg.). Migration und Integration in Berlin. Wissenschaftliche Analysen und politische Perspektiven. Opladen, S. 31-62.

Lebenslagen 2005 in Deutschland. Der 2. Armuts- und Reichtumsbericht der Bundesregierung. Berlin.

Leakey, Richard 1997: Die ersten Spuren. Über den Ursprung des Menschen. Aus den Englischen 1994. München.

Limbach, Jutta 2005: Multikulti und Minderheit: Das Toleranzgebot des Grundgesetzes. In: Blätter für deutsche und internationale Politik. 10'05, S. 1221-1229.

Merz, Friedrich 2000: Einwanderung und Identität. In: Die Welt v. 25.10.2000.

Meulemann, Heiner 1996: Werte und Wertewandel. Zur Identität einer geteilten und wieder vereinten Nation. Weinheim, München.

Migrationsbericht 2005: Beauftragte der Bundesregierung für Migration, Flüchtlinge und Integration (Hrsg.). Daten – Fakten – Trends. Migrationsgeschehen. Berlin.

Murray, Oswyn 1998: Das frühe Griechenland. Geschichte der Antike. Aus dem Englischen 1980. 6. Auflage. München.

Naveh, Joseph 1996: Die Entstehung des Alphabets. Jerusalem.

Neubert, Stefan/Roth, Hans-Joachim/Yildiz, Erol 2002: Multikulturalismus – ein umstrittenes Konzept. In: Neubert, Stefan/Roth, Hans-Joachim/Yildiz, Erol (hrsg.): Multikulturalität in der Diskussion. Neuere Beiträge zu einem umstrittenen Konzept, S. 9-29.

Nick, Peter 2002: Ohne Angst verschieden sei. Differenzerfahrungen und Identitätskonstruktionen in der multikulturellen Gesellschaft. Frankfurt a. M.

Noelle-Neumann, Elisabeth und Köcher, Renate (Hrsg.) 1997: Allensbacher Jahrbuch der Demoskopie 1993-1997. München.

Oberndörfer, Dieter 2005: Die Rückkehr der Gastarbeiterpolitik. In: Blätter für deutsche und internationale Politik. 6'05, S. 724-734.

Ong, Aihwa 2005: Flexible Staatsbürgerschaften. Die kulturelle Logik von Transnationalität. Aus dem Englischen 1999. Frankfurt a. M.

Osman, Nabil (Hrsg.) 1997: Kleines Lexikon deutscher Wörter arabischer Herkunft. München.

Oestreich, Heide 2004: Der Kopftuch-Streit. Das Abendland und Quadratmeter Islam. Frankfurt a. M.

Özdemir, Cem 1999: Currywurst und Döner. Integration in Deutschland. Bergisch Gladbach.

Pape, Elise 2005: Subjektive Deutungsmuster kopftuchtragender Frauen im deutsch-französischen Vergleich. In: Migration und Soziale Arbeit, 27. Jg., Heft 3/4, S. 235-242

Pfeifer, Wolfgang 1993: Etymologisches Wörterbuch des Deutschen. 2. Bände. 2. Auflage. Berlin.

Plessner, Helmuth 1998: Die verspäte Nation. Über die politische Verführbarkeit bürgerlichen Geistes. 6. Auflage, Frankfurt a. M.

Pongs, Armin (Hrsg.) 1999: In welcher Gesellschaft leben wir eigentlich? Gesellschaftskonzepte im Vergleich. Band 1.

Rau, Johannes 2004: Den ganzen Menschen bilden – wider den Nützlichkeitszwang. Plädoyer für eine neue Bildungsreform. Weinheim, Basel.

Radtke, Frank-Olaf 1994: Multikulturalismus. Ein postmoderner Nachfahre des Nationalismus. In: Bernd Ostendorf (Hg.), Multikulturelle Gesellschaft. Modell Amerika. München, S. 229-235.

Rommelspacher, Birgit 2002: Anerkennung und Ausgrenzung. Deutschland als multikulturelle Gesellschaft. Frankfurt a. M., New York.

Sachverständigenrat für Zuwanderung und Integration 2004: Migration und Integration – Erfahrungen nutzen und Neues wagen. Jahresgutachten. Berlin.

Salewski, Michael 2000: Geschichte Europas. Staaten und Nationen von der Antike bis zur Gegenwart. München.

Schäfers, Bernhard 1995: Gesellschaftlicher Wandel in Deutschland. Ein Studienbuch zur Sozialstruktur und Sozialgeschichte der Bundesrepublik. 6., völlig neu bearbeitete Auflage. Stuttgart.

Schäfers, Bernhard 1986: Sozialstruktur. In: Schäfers, Bernhard (Hrsg.). Grundbegriffe der Soziologie. Opladen, S. 283-286.

Scheer, Hermann 2003: Die Politiker. Köln.

Schiffauer, Werner 2000: Die Gottesmänner. Türkische Islamisten in Deutschland. Eine Studie zur Herstellung religiöser Evidenz. Frankfurt a. M.

Schiffauer, Werner 1997: Fremde in der Stadt. Zehn Essays über Kultur und Differenz. Frankfurt a. M.

Schmid, Thomas 2004: Vielfalt als Chance – Strategische Eckpunkte zu einer aktuellen Debatte. In: Erzeren, Ömer. Eisbein in Alanya. Erfahrungen in der Vielfalt deutsch-türkischen Lebens. Hamburg.

Schönhuth, Michael 2005: Glossar Kultur und Entwicklung. Ein Vademecum durch den Kulturdschungel. Trier.

Schönwälder, Karen 2004: Kleine Schritte, verpasste Gelegenheiten, neue Konflikte. Zuwanderungsgesetz und Migrationspolitik. In: Blätter für deutsche und internationale Politik.10'04, S. 1205-1214.

Schulze, Hagen 1994: Staat und Nation in der europäischen Geschichte. München.

Schwab, Gustav 1974: Die schönsten Sagen des klassischen Altertums. Bayreuth.

Sellschopp, Almuth / Vogel, Beatrix 1995: Auf – Brüche. Interviews über Werte und Wertewandel im Rückblick auf die nationalistische Zeit. 2. Auflage. Hamburg.

Sen, Faruk und Sauer, Martina 2005: Türkische Unternehmer in Berlin. Struktur – Wirtschaftskraft – Problemlagen. Eine Analyse der Stiftung Zentrum für Türkeistudien im Auftrag des Beauftragten des Senats von Berlin für Integration und Migration. Berlin.

Simmel, Georg (1989): Aufsätze 1887 bis 1890. Über sociale Differenzierung. Die Probleme der Geschichtsphilosophie (1892). Herausgegeben von Heinz-Jürgen Dahme. Frankfurt a. M.

Simmel, Georg (1987): Der Fremde. In: Simmel, Georg, das individuelle Gesetz. Philosophische Exkurse. Herausgegeben und eingeleitet von Michael Landmann. Frankfurt a. M., S. 63-709.

Simmel, Georg (1923): Soziologie. Untersuchungen über die Formen der Vergesellschaftung. 3. Auflage. München, Leipzig.

Söhn, Janina 2005: Zweisprachiger Unterricht. Ergebnisse der Evaluationsforschung. In: WZB Mitteilungen, Heft 1008, Juni 2005, S. 39-42.

Sontheimer, Kurt 1999: So war Deutschland nie. Anmerkungen zur politischen Kultur der Bundesrepublik. München.

Sozialstrukturatlas Berlin 2003. Ein Instrument der quantitativen, interregionalen und intertemporalen Sozialraumanalyse und -planung.

Stark, Franz 1993: Faszination Deutsch. Die Wiederentdeckung einer Sprache für Europa. München.

Stark, Wolfgang 1996: Empowerment. Neue Handlungskompetenzen in der psychosozialen Praxis. Freiburg im Breisgau.

Stadtmüller, Georg 1965: Grundfragen der europäischen Geschichte. München Wien.

Stark, Wolfgang 1996: Empowerment. Neue Handlungskompetenzen in der psychosozialen Praxis. Freiburg im Breisgau.

Statistisches Bundesamt 2005: Leben und Arbeiten in Deutschland. Ergebnisse des Mikrozensus 2005.

Straßburger, Gaby 2006: Arrangierte Ehe: arrangiertes (Un-)Glück. Freie Partnerwahl bei arrangierten Ehen. In: Migration und Soziale Arbeit, 28. Jg., H. 1, S. 54-60.

Tacitus, P. Cornelius 1975: Germania. Bericht über Germanien. lateinisch und deutsch. Übersetzt, kommentiert und herausgegeben von Josef Lindauer. München.

Tibi, Bassam 2001: Europa ohne Identität? Leitkultur oder Wertebeliebigkeit. 2. Auflage. München.

Touraine, Alain 2005: Un nouveau paradigme pour comprendre le monde d'aujourd'hui. Paris.

Treibel, Annette 1993: Einführung in soziologische Theorien der Gegenwart. Opladen.

Ucar, Ali 2005: Kulturdolmetscher. Veröffentlichung des Schulpsychologischen Beratungszentrum Friedrichshain-Kreuzberg. Berlin.

Wandruszka, Mario 1979: Die Mehrsprachigkeit des Menschen. München Zürich

Wlecklik, Petra 1996: Multikultur statt Deutschtum? Antirassismus zwischen Folklore und ethnischem Mythos. 2., unveränderte Auflage. Bonn.

Zaptcioglu, Dilek 2005: Türken und Deutsche. Nachdenken über eine Freundschaft. Frankfurt a. M.

Glossar

Assimilation
Assimilation bedeutet den mehr oder weniger (un)freiwilligen Prozess der Anpassung einer ethnischen Minderheit an die Kultur der Mehrheitsgesellschaft.

»Ethnic community«=»ethnische Enklave«
Die sozialräumliche Ballung bzw. Konzentration einer ethnischen Gruppe in einer Stadt oder einem Stadtteil.

Ethnizität
Ethnizität ist das subjektive Selbstverständnis einer ethnischen Gruppe, »anders« als die Mehrheit zu sein.

Empowerment
Empowerment ist die Ermutigung und Stärkung individueller Fähigkeiten, um selbstorganisiertes Handeln zu ermöglichen.

Ethnisierung
Das ist der Versuch, alle sozialen Probleme und Konflikte als ethnische einseitig zu interpretieren, ohne die soziale Klassenlage zu berücksichtigen (vgl. auch *Klassengesellschaft*).

Figuration
Der Soziologe Norbert Elias hat den Begriff Figuration geprägt als »das Geflecht der Angewiesenheiten von Menschen aufeinander, ihre *Interdependenzen*, sind das, was sie aneinander bindet«.

Individualisierung
Individualisierung bedeutet der zunehmende Grad an Wahlfreiheit und persönlicher Entscheidungskompetenz des Einzelnen – unabhängig von traditionellen Abhängigkeiten wie Familie, Nachbarschaft und Dorf.

Interdependenz(ketten
Mit Interdependenz(ketten) meint der Soziologe Norbert Elias die gegenseitig abhängigen Beziehungsgeflechte der Individuen in der Gesellschaft. Diese Interdependenzketten sind historisch in der Neuzeit länger, komplizierter und damit komplexer geworden.

Interdependenzkultur
Dieser neue Begriff drückt die wechselseitige Beeinflussung der Kulturen aus: (a) als historische Entwicklung der deutschen Kultur und (b) heute durch die Globalisierung.

Interdependenzpolitik

Unter diesem Begriff wird eine *figurative* Politik der wechselseitigen Anerkennung der Rechte und Pflichten von Mehrheit und Minderheit(en) verstanden.

Interkulturalität

Interkulturalität ist die Akzeptanz des Anderen als gleichberechtigt mit der eigenen (Kulturrelativismus) , indem man sich wechselseitig versteht, toleriert und diskutiert.

Klassengesellschaft

Die Gesellschaftsstruktur der Bundesrepublik Deutschland wird als soziale Hierarchie von Klassen verstanden, in der die soziale Mobilität des Aufstiegs relativ gering ist.

Lebenswelt

Lebenswelt ist der Ort der primären sozialen Netzwerke (Familie, Sozialisation), in der man sich intersubjektiv über Werte und Normen verständigt.

Leitkultur

Leitkultur ist der gesellschaftspolitische Kampfbegriff der Konservativen, um die Personen mit Migrationshintergrund zu bedrängen, sich an die irgendwie vage definierten deutschen Werte und Normen zu anzupassen (vgl. *Assimilation*).

Multikulturalismus

Der inzwischen vielbenutzte und inzwischen auch missbrauchte Begriff Multikulturalismus bleibt allzu unbestimmt in den jeweiligen politischen Köpfen. Er suggeriert eher ein loses Nebeneinander aller ethnischen Kulturen als wechselseitiges Miteinander. Stattdessen wird hier der Begriff *Interdependenzkultur* bevorzugt.

Netzwerk, soziales

Das soziale Netzwerk ist ein Konstrukt, um alle sozialen Beziehungen eines Individuums, ob familiär, freundschaftlich, beruflich und institutionell zu erfassen.

Parallelgesellschaft

Dieser zentrale Begriff wird sozioökonomisch verstanden, d.h. nicht nur Minderheiten, sondern auch die Reichen und Etablierten leben in ihren *sozialen Netzwerken* und in ihrer parallelen *Lebenswelt* unter sich.

Politische Klasse
Unter Politischer Klasse werden alle Politiker zusammengefasst, die ihre Positionen in Regierungen und Parlamenten Macht auf Zeit ausüben und hierbei mehr um ihren persönlichen Machterhalt als um kompetente politische Lösungen kämpfen.

Ressourcenorientierung
Ressourcenorientierung ist die explizite Orientierung an den vorhandenen und zu entwickelnden Fähigkeiten anstelle der traditionellen Defizitorientierung (vgl. auch *Empowerment*).

Soziales Kapital
Soziales Kapital sind die sozialen Beziehungen und der soziale Zusammenhalt in bzw. einer Gesellschaft.

Soziale Segregation
Sozialräumliche Absonderung einer oder mehrerer ethnischer Gruppen in einer Stadt, in einem Stadtteil, in dem sie weitgehend unter sich mit eigner infrastruktureller Versorgung leben.

Systemwelt
Unter Systemwelt wird – nach Jürgen Habermas – die Summe aller sozialen Institutionen (Organisationen, Bürokratien) verstanden, in denen sich das Individuum bewegt.

Vergesellschaftung
Zunahme der gesellschaftlichen Verflechtungen, d.h. der Grad der sozialen Komplexität steigt (*Interdependenz*).

Zivilgesellschaft
Zwischen dem kapitalistischen Markt und dem Staat hat sich in den letzten Jahrzehnten verstärkt ein sog. Dritter Sektor entwickelt, in dem Vereine, Verbände und NGO's (Nicht-Regierungsorganisationen) tätig sind.